KB231369

1천만 원으로 시작하는
빌라 투자 비법

빌라 투자 비법

왜, 나는 다들 말리는 빌라에 투자하는가?

홍 현 지음

평단

월급으로 어떻게 해보겠다는 희망고문은 이제 그만두세요!

가끔 예전 대기업 다닐 때의 후배들이 전화가 와서 어떻게 사느냐고 묻곤 합니다. 너는 어찌 사느냐고 물으면 몇몇은 회사가 많이 좋아졌다는 얘기도 하고, 몇몇은 항상 야근에 찌들어 산다는 하소연도 합니다.

NH투자증권 백세시대연구소가 진행한 설문조사에서 직장을 다니는 목적이 생활비 마련이라고 응답한 인원이 87%, 일하는 보람이라고 응답한 인원이 13%였습니다. 직장을 다니는 목적이 보람, 자아실현, 일하는 즐거움 등이 되어야 한다는 것은 누구나 알고 있지만 실제로 그런 사람은 많지 않은 것 같습니다.

그래서 저는 부동산투자가 필요하다고 생각합니다. 저처럼 직장을 그만두고 하고 싶은 일을 할 수도 있겠지만 '생활비 마련을 위해 직장을 다닌다'는 생각을 하지 않을 수만 있다면 얼마든지 직장 내에서도 의미 있고 가치 있는 일을 할 수 있기 때문입니다. 문제는 '어떻게'일 텐데요. 사실 냉정하게 생각해 보면 월급으로 재정적 여유를 기대하는 것 자체가 무리입니다.

국토교통부 통계 자료에 따르면 월 200만 원 이하의 저소득층은 내집 마련에 10년, 월 200~400만 원의 중소득층은 5.6년이 걸린다고 합니다. 간과하면 안 될 부분은 '한 푼도 쓰지 않고' 저축할 경우의 기간이라는 점입니다. 그것도 미래가 아니라 현재 시점의 시세로요.

결국, 직장에서 받는 월급은 정말 '생활비' 수준이지 재정적 여유를 마련할 정도가 되기는 어렵습니다. 이 점을 하루라도 빨리 받아들이고 근로소득을 자본소득으로 전환할 수 있도록 준비해야 합니다.

2017년 하반기 방송했던 KBS 드라마 〈쌈마이웨이〉에서 주만이 한 말이 문득 떠오릅니다.

"설아, 내가 너 데려다가 원룸에서 신혼집 차려?

나는 너한테 A급, 특급은 못 해줘도 중간만큼은 해주고 싶었어.
작은 전세 하나는 구하고 싶었다고.
근데 내가 6년을 뻥이쳐도 그 중간이, 중간이 힘들더라."

드라마 속 주만의 말대로 월급으로는 6년을 고생해도 전세금
마련이 쉽지 않은 것이 현실입니다. 따라서 당장 1천만 원, 2천만
원밖에 없다고 하더라도 어떻게든 자본소득으로 전환하는 전략
이 필요합니다.

이 책은 수억 원의 여유 자금을 가지고 투자하는 분들을 위한
책이 아닙니다. 저에게 여유가 있는 고객들도 많이 찾아오지만 대
부분 좋은 투자처를 함께 논의하여 선정해 드리고 전략과 방향
을 설정하면 됩니다. 여유 자금이 없는 분들일수록 투자에 대한
기본 개념이 부족하고 투자처를 찾기도 힘이 듭니다. 그래서 더

도움이 필요합니다. 하루라도 빨리, 근로소득을 자본소득으로 전환해야 재정적으로, 그리고 정신적으로 여유를 가질 수 있다는 것을 이해해야 합니다.

부동산 관련 서적을 보면 부동산 투자를 생각할 때 '수익형' 투자를 할 것인가 아니면 '차익형' 투자를 할 것인가를 명확하게 결정하는 것이 중요하다는 이야기를 많이 합니다. 물론 아주 중요한 부분이기는 합니다. 그러나 소액 투자자 입장에서 수익률은 크게 중요하지 않습니다. 10억을 투자해 월세가 400만 원 나올지 500만 원 나올지는 중요하지만, 3천만 원 투자로 수익률이 1~2% 달라져봐야 월 2만 원~3만 원 수준의 차이일 뿐이니까요.

소액 투자자 입장에서는 수익률이 큰 의미를 가지지 못합니다. 게다가 수익형 투자를 할 것인지 차익형 투자를 할 것인지 선택의 여지조차 없는 것이 더 현실에 가깝습니다.

수많은 투자 지침서들이 나오고 있지만 이런 소액 투자자 입장에서 현실적인 고민을 담지는 못하는 것 같습니다. 소액으로 가능한 투자로는 경매 정도가 그나마 가능할 것 같습니다. 그런데 경매 역시 소액으로 투자하려면 입찰자도 많은 데다 좋은 입지에 있는 물건은 낙찰가율이 90%가 쉽게 넘어가니 그마저 쉽지 않습니다. 경매도 몇억 이상 되는 덩치가 큰 물건들은 낙찰가율도 낮고 입찰자도 적어서 해 볼만 하지만 소액은 사실상 어렵다고 볼 수 있습니다. 게다가 직장을 다니면서 권리분석을 하고 임장(臨場, 현장방문)을 다니고 기일에는 직접 법원에 참석해서 입찰을 해야 하는데 웬만한 직장 아니고는 현실적으로도 어렵지요.

이 책이 소액 투자자들을 위해 '현실적'으로 투자를 할 수 있는 방법을 알려주는 지침서가 되기를 기대합니다.

2018년 6월

홍현

차례

부동산 투자 마인드셋

화폐 vs 현물
– 복리의 마술에 속지 마라

투자금이 아니라
투자 철학이 성공을 만든다

1. 투자의 철학

영화 이야기로 시작해 보겠습니다. 2017년 개봉했다가 크게 흥행 재미를 보지 못했던 영화가 있습니다. 작업대출을 소재로 한 영화 〈원라인One-Line〉(2016)인데요, '돈'이라는 것에 대한 생각을 한번쯤 다시 해볼 수 있는 영화입니다.

평론가는 늘 그렇듯 5점대의 박한 점수를 주었지만, 관림객과 네

영화 〈원라인〉(2016) 중에서

티즌 평점은 8점대를 찍고 있습니다. 뜨거워지기도 전에 식어버린 이 영화를 제가 다시 꺼낸 이유는 이 영화의 소재였던 작업대출 사기가 실제 현실에서도 여전히 현재진행형이기 때문입니다.

영화 〈원라인〉은 대출이 어려운 사람들에게 접근해서 위조서류 등 사기 수법으로 대출을 받도록 도와주는 '작업 대출' 사기꾼들의 이야기를 다루고 있습니다. 영화 결말 즈음에 뉘우치고 피해자들에게 돈을 돌려주며 나름대로 '착한 일'을 하는데요, 이 영화를 만든 양경모 감독이 직접 밝혔듯이 '의로운 작업대출 브로커'는 현실에는 아마도 없을 것입니다.

부동산코치인 제가 오늘 이 작업대출 이야기를 하는 이유는 돈에 대한 명대사 때문입니다. 이 영화를 보고 계속 여운이 남았던 대사가 하나 있습니다. 주인공 민재 역을 담당한 임시완의 대사인데요.

"돈이란 게 그렇더라고요. 처음에는 딱 1억만 있으면 좋겠다고 생각을 했어요.

근데 1억이 벤츠 한 대 사고 나면 끝이에요.

그래서 딱 10억만 있으면 좋겠다고 생각했거든요.

근데 10억은 강남에 괜찮은 아파트 하나면 끝이란 말이죠.

그럼 100억? 명동에 코딱지만 한 빌딩 하나 사면 끝이에요.

1,000억? 그림 하나 사면……"

제가 늘 강조하는 대로 '투자금이 아니라 투자 철학이 성공을 만든다'는 것을 꼭 기억하시기 바랍니다. 어떻게 써야 할지에 대한 고민 없이 돈을 번다면, 결국 계속 더 많은 돈을 좇을 수밖에 없는 것입니다.

참, 영화에 나온 천억짜리 그림은 뭘까요?

바로 〈고흐의 방〉입니다. 책의 첫 시작이니 이 그림을 감상하며 돈에 대한 자신의 철학에 대해 한 번쯤 생각해 보는 것도 좋겠습니다. 나만의 철학을 가지고 투자해야 평생 하는 즐거운 투자가 될 수 있다는 점을 잊지 마시기 바랍니다.

2. 즐겁게 평생 하는 투자

부동산 투자는 즐겁게 평생 하는 투자가 되어야 합니다. 이 부분이 저는 주식투자와 가장 다른 점이라고 생각합니다. 제가 이 책에서 다루는 내용은 '소액 부동산 투자'이지만 대부분의 부동산 서적은 '억-억'해야 가능한 투자 영역을 다루고 있어서 그 정도의 투자금을 마련하지 못한 많은 직장인이 주식투자를 하고 있습니다. 주식투자가 좋다, 나쁘다는 제가 논할 부분이 아닙니다.

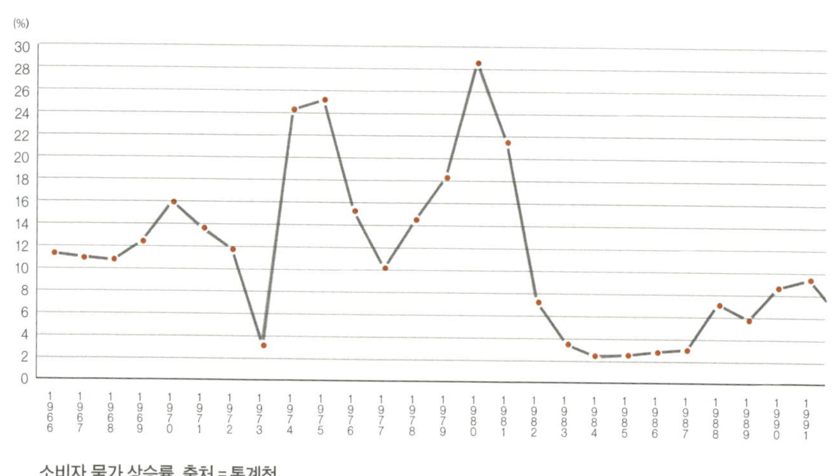

소비자 물가 상승률, 출처 = 통계청

그러나 적어도 주식투자를 열심히 하는 분들은 하루에도 수십 번씩 핸드폰을 꺼내 주식 창을 들여다봅니다. 그러다 보면 아무리 대인배라고 해도 그래프의 등락에 일희일비할 수밖에 없습니다. 한 시간 만에 내가 일주일 또는 한 달 벌어야 하는 돈이 날아가는데 아무런 감정이 없을 수가 없지요.

사람마다 시각의 차이는 있겠지만 저는 이 부분이 가장 좋지 않게 보였습니다. "내가 왜 그래프의 등락에 '좋았다', '슬펐다'를 반복하면서 감정을 소모해야 할까" 하고요. 마치 돈의 노예가 된 듯한 생각까지 들었습니다. 그래서 이런 부분에 대해서 직장인 주식 투자자들과 이야기를 하면 다들 수긍하면서도 어차피 월급으로는 살기 어렵고 딱히 몇백, 몇천으로는 투자할 곳이 없다는 이유로 계속 주식시장을 기웃거리고 있었습니다.

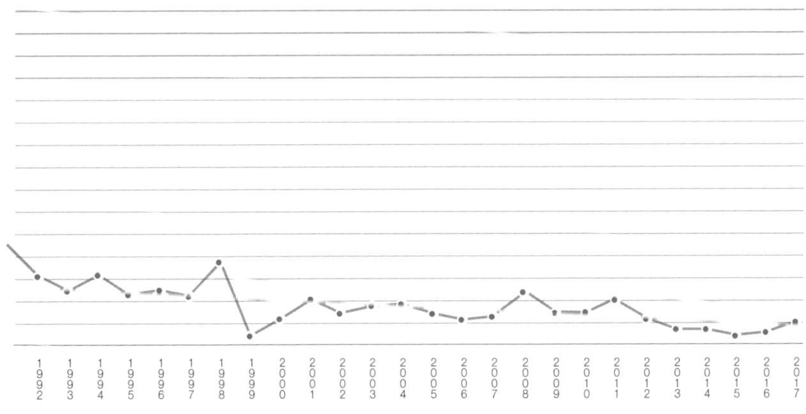

대부분의 사람이 개미 투자자가 주식시장에서 성공할 확률이 극히 낮다는 것을 알지만 마땅한 투자처가 없어서 계속 주식시장에 뛰어들고 있습니다. 주식 투자자들을 비난할 생각은 전혀 없습니다. 그 방법이 적성에 잘 맞는다면 얼마든지 하면 됩니다. 성공을 기원합니다. 다만 월급으로는 어렵고 재정적으로 투자는 해야 하겠는데 '딱히 소액으로 투자할 곳이 없어서' 주식을 하는 투자자들에게 대안을 주고 싶을 뿐입니다.

소액이지만 부동산 투자를 할 수만 있다면 즐겁게, 그리고 평생할 수 있습니다. 부동산은 주식과 다르게 '현물'입니다. 현물은 결국 '물가'와 함께 움직이게 되어 있습니다. 지금까지 평생을 살면서 물가가 내린 적이 있나요? 물가라는 것은 늘 오르는 것이 정상입니다.

앞의 그래프는 물가상승률을 나타냅니다. 그래프가 우하향하는 모양만 보고 오해하지 마세요. '물가' 그래프가 아니라 '물가상승률' 그래프입니다. 1985년부터 지금까지 '상승률'은 줄었다 늘었다 하지만 단 한 번도 상승하지 않은 적은 없습니다. 당연합니다. 물가가 떨어지면 국가도 기업도 국민도 모두 힘들어지는 상황이 오게 됩니다. 경제가 망가지니 국가는 물가가 떨어지지 않도록 모든 힘을 쏟아 완만한 상승을 하도록 노력할 수밖에 없습니다.

결국 '현물'을 사기 위해 지급해야 하는 돈은 지속적으로 올라

갈 수밖에 없습니다. 물론 일시적으로 오르고 내릴 수 있고, 특정 현물은 어떤 기간에 내려갈 수도 있겠지요. 그러나 결국 중장기적 측면에서 보면 우상향 그래프 속에 놓이게 됩니다. 그것이 물가의 흐름입니다.

예를 들어 오늘 떡볶이는 3천 원이지만 내년의 떡볶이 값은 4천 원이니 돈을 은행에 넣어두면 점점 손해를 보는 구조이지요.

그래서 부동산 투자는 현물이기에 즐겁게 평생 하는 투자가 가능합니다. 매일매일 가격 변동이 있는 것도 아니니 하루하루의 시세에 마음을 뺏길 필요도 없습니다. 어느 정도 기준을 가지고 그 기준에 부합하는 투자를 했을 때는, 투자한 부동산에 대해 흐뭇하게 웃으며 안 먹어도 배부른 마음으로 지켜보기만 하면 됩니다. 그렇게 하나씩 굴려 가면 어느새 여유가 생기게 될 것입니다.

복리의 마술
vs
복리의 망상

절약과 저축이 가장 중요하다고 이야기하는 컨설턴트가 많이 있습니다. 물론 중요합니다. 아무 생각 없이 월급을 펑펑 쓰는 것은 바람직한 모습이 아니겠지요.

저축이 중요하다고 강조하는 컨설턴트들이 늘 이야기하는 말이 바로 '복리의 마술'인데요, 제가 이야기하고 싶은 부분이 바로 이 복리입니다.

'단리'는 '원금'에 이자를 주지만 '복리'는 '원금+이자'에 이자를 주기 때문에 시간이 지날수록 큰 차이를 가져온다는 것이 핵심입니다.

예를 들어 볼까요? 조그만 기업에 처음 입사한 열정 가득한 신입사원 김티움이 있습니다. 김티움 사원은 주변에서 '복리의 마술'이라는 이야기를 많이 들어서 월급 중에서 10만 원씩을 복리로 계산하는 적금에 들기로 합니다.

김티움 사원이 이자율이 3%일 때 매월 10만 원씩 30년 동안 적금을 넣는다고 가정하면 단리일 경우 이자가 약 1천 6백만 원인데 비해 복리로 계산하면 이자가 약 2천 2백만 원이 되어 6백만 원 정도를 더 받게 됩니다.

같은 10만 원을 매월 납입해도 단리일 경우와 복리일 경우가 30년 후에는 6백만 원이나 차이가 난다는 뜻입니다. 이것을 두고 '복리의 마술'이라고 하는 것이지요.

이자율	원금누계	단리		연복리		차 (복리-단리)
		이자	원금+이자	이자	원금+이자	
2%	36,000,000	10,830,000	46,830,000	13,207,485	49,207,485	2,377,485
3%	36,000,000	16,245,000	52,245,000	22,014,030	58,014,030	5,769,030
4%	36,000,000	21,660,000	57,660,000	32,751,396	68,751,396	11,091,396

그런데 참 재미있는 점은, 김티움 사원이 매월 10만 원을 넣어서 복리로 하더라도 30년 후에 원금을 포함해서 5천 8백만 원을 받는다고 하는데, 30년 후의 5천 8백만 원이 지금의 5천 8백만 원의 가치는 아니겠지요.

미래는 정확하게 알 수 없으니 과거를 기준으로 해 보겠습니다. 지금의 5천 8백만 원은 30년 전의 화폐 가치로는 얼마일까요? 한국은행 화폐가치계산기로 계산해보니 정확하게 1,856만 원입니다.

우리가 '복리의 마술'이라는 말을 자주 들어서 뭔가 엄청난 수익을 가져다줄 것 같지만 결국 '화폐'라는 것은 현물과 다르게 가치가 하락할 수밖에 없어서 생활에 어느 정도 도움이 될지는 모르겠지만, 우리가 기대하는 수준의 재정적 여유를 가져다주지는 못합니다.

그렇다면 김티움 사원이 이번에는 적금에 넣는 대신 이 10만 원을 부동산에 투자한 것으로 생각해 보겠습니다. 전세 보증금이 2억 7천만 원인 강남의 한 소형주택을 3억 원에 매수합니다. 신입사원이라 모아 놓은 돈이 하나도 없으니 차액 3천만 원은 모두 대출을 받았습니다. 그러면 매달 내야 하는 대출금 3천만 원에 대한 이자가 10만 원입니다. (금리 4% 기준)

매월 지출되는 이자가 10만 원이니 적금을 넣는 금액과 동일하므로 평소 생활은 적금을 넣은 것과 완전히 동일합니다.

원금누계	단리	연복리	부동산
	회수금	회수금	회수금
36,000,000	52,245,000	58,014,030	273,408,475

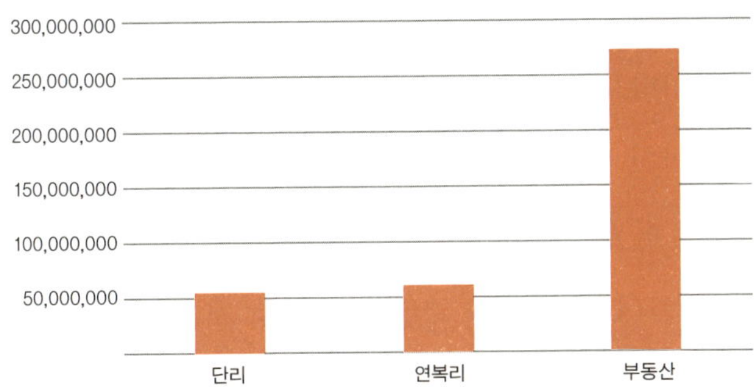

30년 후 회수금 비교
※ 단리/복리는 이자율 3% 기준
(부동산은 대출금리 4%, 물가상승률 2% 기준, 중간회수금 없이 만기에 일시 회수하는 것으로 가정)

30년 후 회수금은 표에서 보는 대로 복리일 경우 5천 8백만 원인데 비해 부동산에 투자한 경우 회수금은 5억 4천 3백만 원이나 되고, 첫 투자 시 부채인 전세보증금을 빼고 실제 회수금으로 따져도 2억 7천 3백만 원이나 됩니다. 복리와 비교할 때 무려 2억 이상이 차이가 납니다.

물론 숫자로 바로 계산되는 적금과 달리 30년 후의 부동산 가격은 건물의 감가상각, 금리의 변동, 중간 시기의 전세금 상승 등 수많은 변수가 반영되어 정확한 금액을 산정하는 것은 불가능하니 추정치에 불과합니다.

그러나 지금까지의 부동산 상승률은 물가 상승률보다 3배 정도 높았지만, 여기서는 물가 상승률로만, 그것도 2%로 계산했으니 매우 보수적으로 산정되었음은 분명히 말씀드릴 수 있습니다.

사실 이런 계산을 굳이 하지 않더라도 2018년 강남권의 3억짜리 소형 주택이면 건물은 제외하고 대지지분이 약 5평 정도 될 것인데 30년 후의 평당 단가만 추정해 보아도 저 정도 금액은 아주 보수적이라는 것을 쉽게 알 수 있습니다. (3년 후가 아니라 30년 후입니다!)

이 칼럼에서 중요한 점은 이 계산이 얼마나 정확한가가 아닙니다. 자꾸 무엇이 잘못되었나 표를 뚫어지라 볼 필요는 없습니다. 대충 계산했으니 얼마든지 흠을 찾을 수 있겠지요.

그것이 중요한 것이 아니라 단돈 10만 원으로 적금에 넣는 것도, 부동산에 투자하는 것도 모두 가능하다는 점이 첫 번째 핵심이요, 10만 원 투자에는 단리인지 복리인지가 중요한 것이 아니라 적금보다 부동산에 투자한다면 복리와는 비교도 되지 않을 만큼 높은 수익이 될 가능성이 높다는 것이 두 번째 핵심입니다.

복리의 마술, 아직도 엄청난 수익을 안겨줄 것 같나요?
복리의 망상에서 벗어나시기 바랍니다.

근로소득에서 자본소득으로

1. 대한민국 3대 바보

  한 40대 여성분이 저희 사무실에 방문했습니다. 7억으로 서울 외곽 지역의 상가에 투자하기로 했는데 계약하기 직전에 제 블로그를 보고 상담 차 들러 보았다고 합니다.

  여성분의 이야기를 들어 보니 7억을 투자해 상가를 매수하여 임대소득을 얻고 싶다는데, 상권도 살아있지 않는 곳에 월세를 얼마 받을 수 있다더라 하는 분양회사의 말만 믿고 수익률이 괜찮다고 투자를 결정한 상황입니다.

  분양회사가 제시하는 임대조건(현실은 대부분 그보다 적습니다.)으로 계산해도 수익률이 재미가 없는데 특별히 이 상가에 투자하는 이유를 물어보니 그냥 주변에 살아서 관심을 가지게 되었다고 합니다. 게다가 대출은 받을 생각이 없다네요.

제가 "아니 여기 투자하는 것도 이해가 안 되지만 그렇다 치고, 왜 대출을 하나도 안 받으세요? 자금 여유가 있어도 대출을 받으시고 남는 자금으로 다른 곳에 투자하시면 수익률이 훨씬 높습니다."라고 하니, "제가 돈이 없는 사람도 아니고 대출까지 받아가면서 투자해야 하나요?"라는 대답이 돌아옵니다.

어디서부터 시작해야 할지 난감합니다. 당장이라도 그 상가에 계약하러 갈 태세인데, 이쯤 되면 결국 '성공하는 투자 코칭'은 포기하고, '사람 살리기' 작전에 들어가야 합니다. 참으로 안타까운 상황이지요.

대출에 대한 생각은 사람마다 다를 수 있습니다. 저는 항상 꼭 '숫자'만이 중요하다고 생각하지는 않습니다. A라는 방법이 투자 수익을 보면 가장 좋은 방법이라서 추천하지만 '나는 그 방법이 찝찝해요' 하거나 '그렇게 하면 마음이 편하지 않아요' 하면 꼭 바보 같고 답답하다고만은 생각하지 않습니다. '찝찝'이나 '마음 불편'도 결국 보이지 않지만 지급해야 하는 비용입니다. 그래서 저는 가장 많이 수익을 내는 방법을 추천 드리지만, 선택은 자유입니다. 인간은 늘 '생각하고 판단하고' 결정하는 것이 아니라 '보고 느끼고' 결정하는 비합리적인 존재이기 때문입니다.

그러나 적어도 이 책을 읽는 독자라면 부동산 투자에 관심이 있고, 부동산 투자를 통해 재정적 여유를 가져 보자는 생각이 있을 것입니다. 그렇다면 다른 것은 몰라도 대출에 대해서 만큼은 꼭 레버리지(Leverage, 차입투자)로 바라보는 시각이 필요합니다.

부동산 전문가들 사이에서 '3대 바보'에 대한 이야기를 많이 합니다.

3등 바보 = 전세 사는 사람

2등 바보 = 빚 없이 전세 사는 사람

1등 바보 = 통장에 돈 넣어두고 빚 없이 전세 사는 사람

왜 이런 이야기가 나올까요?

일단 전세라는 것이 참 재미있는 제도입니다. 전 세계에서 우리나라에만 있는 특이한 제도이기도 하면서, 집을 사는 사람보다 더 돈을 많이 내는데 소유권은 나에게 없는 참으로 이상한 제도입니다.

예를 들어 강남의 30평대 D 아파트 10층 ○○○호 등기사항전부증명서(등기부등본)를 발급해 봅니다. 갑구에 명시된 소유자를 보니 김철수네요. 이 아파트의 매매가는 17억입니다. 그런데 김철수가 낸 돈은 4억이고, 전세 세입자인 최영희는 13억을 냈습니다. 소유자는 김철수인데 돈은 최영희가 3배나 더 냈습니다. 뭔가 이상하지 않나요?

그래서 전세를 산다는 것은 최영희가 김철수에게 이렇게 말하는 것과 다름없습니다.

"철수야, 너 D 아파트 사고 싶다고 했지?

그럼 내가 너에게 13억을 빌려줄게.

이 돈이면 네 돈을 조금 보태면 D 아파트 30평대를 살 수 있을 거야.

그런데 내가 전 재산을 다 빌려줘서 갈 데가 없으니 그 집에 잠시만 살게.

빌려준 돈은 내가 이 집에서 나갈 때 그대로 돌려주면 돼.

물론 집값이 오르면 다 네가 가지면 되고,

이자는 한 푼도 받지 않을 거니까 걱정하지 마."

투자 측면에서 볼 때 '전세'는 이렇게 표현할 수 있습니다. 그래서 앞서 설명한 '3대 바보' 이야기가 나오는 것입니다.

그럼 대한민국에 전세로 살고 있는 수많은 사람들이 다 바보라는 건가요? 하며 공격할지도 모르겠습니다. 물론 다 그렇지는 않습니다. 전세 입주를 결정하는 것은 여러 가지 이유가 있을 수 있습니다. 투자 측면에서 전략적으로 전세로 살아야 할 이유도 있고요. 또 다른 이유가 있을 수 있습니다. 이는 다음 장에서 다시 다루겠습니다. 여기서 설명한 것은 투자에 대한 전략 없이 전세로만 사는 사람에 대한 예시일 뿐이니 오해는 없기를 바랍니다.

2. 투자 마인드부터 갖추자

저는 투자자를 중심으로 사업을 하고 있지만, 투자자 외에도 제 사무실 주변의 전세나 월세를 찾는 고객들도 종종 방문을 합니다. 주변 지역 고객분들은 주로 저와 함께 일하는 유능한 여성 소속공인중개사님들이 챙겨 주시는데, 휴가 중에는 제가 고객 상담을 하기도 합니다.

(저는 주 1회 육아 휴가 제도를 운영하고 있어서 자녀가 있는 직원은 매주 하루를 정하여 자유롭게 쉴 수 있습니다. 그러다 직원들의 휴가가 겹치면 제가 직접 고객을 응대하는 때도 종종 생기게 됩니다.)

어쩌다 미혼의 직장인이 결혼 전까지 혼자 지낼 월세 원룸을 구하러 찾아오거나 하면 안타까워 조언해 주곤 합니다.

무엇이 안타까운지 실제로 제 사무실을 찾아온 한 여성 직장인의 사례로 설명해 보겠습니다. 이 분은 송파구 법조타운 인근에 근무하는 2년 차 여성 직장인입니다. 집에서 다니다 너무 멀어서 출퇴근이 힘들어 회사 근처에 집을 구하게 되었습니다. 당장 통장에 돈은 1천만 원 정도밖에 없고, 안정적으로 매월 월급은 받으니 자연스럽게 월세를 찾게 된 것입니다.

흔히 볼 수 있는 사례이지요.

우선, 제 사무실 주변 원룸의 월세 시세는 보증금 1천만 원에 월세가 60만 원 정도 됩니다. 그러면 월세 대신 전세로 계약을 한다면 어떻게 될까요?

전세 시세는 1억 2천만 원 정도 됩니다. 우선 통장에 1천만 원이 있으니 1억 1천만 원이 필요하겠네요. 다음으로 1금융권 시중은행에 가서 전세자금대출을 최대 한도로 하여 9천 6백만 원을 받고, 마이너스 통장을 만들어 1천 4백만 원을 받습니다. 혹시 아직 연차가 부족하여 신용 한도가 1천만 원 정도밖에 안 된다면 카카오뱅크나 케이뱅크 등 온라인은행의 비상금대출이나 가입해 둔 보험의 보험담보대출상품 등을 활용해서 나머지 금액을 보충합니다. 모두 다 1금융권만 활용합니다. 2금융권 대출은 될 수 있는 대로 권하지 않습니다.

이렇게 두 가지 경우를 정리해서 비교해 보겠습니다.

구분	월세로 구할 경우	전세로 구할 경우
시세	보증금 1천만 원 / 월세 60만 원	보증금 1억 2천만 원
계약 시 내 돈 지출	통장보유 1천만 원	통장보유 1천만 원
월별 지출	월세 60만 원	월 이자 28만 8천 원 - 전세대출(9천 6백만 / 금리 3%) : 24만 원 - 마이너스통장(1천만 / 금리 4%) : 3.3만 원 - 기타대출(4백만 / 금리 4.5%) : 1.5만 원

어떻습니까? 비슷한 집이 월세가 5만 원만 싸도 "우와~ 대박!"을 외치면서 바로 계약할 것이면서 대출을 활용하면 무려 30만

원 이상 월세가 줄어드는 것과 같은데 당장 통장에 돈이 없다고 전세로 알아보려고 생각조차 하지 않는 것이 안타깝다는 것입니다. 금리가 계속 오르면 어쩌냐고요? 제아무리 한국은행 할아버지가 와서 금리를 올려도 월세 60만 원 근처에도 못 갑니다.

원룸이 전세가 있을까요? 많습니다. 찾아보려고만 하면 얼마든지 있습니다. 찾아주는 것은 공인중개사가 알아서 찾아 줍니다. 여러분들은 전세를 구하겠다고 결정하기만 하면 됩니다. 대출도 다 공인중개사가 알아봐 줍니다.

저 역시 이렇게 찾아오는 직장인은 대부분 전세로 돌려서 구해주려고 노력합니다. 그러나 매번 잘 되지 않습니다. 대출받으라는 말에 온몸으로 경계심을 표현하며 이건 무슨 장삿속인가? 하는 눈빛으로 저를 쳐다보기 일쑤입니다. 잘 해주려다가 욕먹기 딱 좋겠다 싶습니다.

독자 여러분들도 '당장 돈이 필요하지도 않은데 1억이라는 큰 돈을 빌리라고?', '빚이 '억'이라니 '헉'이다', '월급 많이 받는 좋은 직장에 다니는데 마이너스통장까지 만들라고?' 이런 생각이 드시나요?

그러면 영원히 '근로 소득'에만 목이 메어 아무것도 못하게 될 가능성이 큽니다.

이 책은 부동산 소액 투자에 관한 책입니다. 투자의 핵심은 '근로소득을 자본소득으로 전환하기'입니다. 어떻게 전환할 것인가를 논하기 전에 기본 '투자 마인드'를 먼저 가져야 합니다.

'투자 마인드'에 빨리 적응해야 책 후반부에 설명하는 핵심 내용들을 이해할 수 있습니다.

저에게 늘 블로그 팬이라고 해 주시는 소중한 고객 한 분은 3%~4%대 다른 대출금이 많이 있는데도 학자금 대출을 가장 먼저 갚았다고 합니다. 학자금 대출은 금리가 1%인 거의 무이자 대출 수준인데 왜 먼저 갚았냐고 물어보니 심리적으로 가장 신경 쓰이고 불편한 대출이기 때문에 가장 먼저 갚았다고 합니다.

앞 장에서 언급했던 대로 숫자로만 보면 아주 바보 같은 행동이지만 '신경 쓰임'이나 '불편한 마음' 역시 보이지 않는 비용입니다. 그렇기 때문에 꼭 잘못했다고 비난할 수만은 없습니다. 그러나 내가 어떤 선택을 하는지는 분명하게 알고 해야 합니다. 그래서 '투자 마인드'가 중요합니다. 그래야 그 보이지 않는 비용이 없어집니다.

이번 장의 내용에 대해 꼭 눈을 감고 다시 한번 생각해 보세요. 그리고, '대출'에 대해 저항하는 그 불편한 마음을 잘 성찰해 보세요. 그것을 흘려보낼 수 있어야 투자를 위한 기본적인 준비가 된 것이라고 할 수 있습니다.

3. 근로소득에서 자본소득으로

근로소득에서 자본소득으로 전환하는 것은 재정적 여유를 가지기 위해 아주 중요한 핵심 요소입니다. 근로소득은 회사에서 받는 월급이 대표적입니다. 열심히 일해서 받는 노동의 대가이지요. 자본소득은 쉽게 말하자면 돈이 돈을 버는 구조를 말합니다. 대표적으로 집을 빌려주고 월세를 받는 임대소득이 되겠습니다. 우리는 모두 어떤 식으로든 행복하기를 원합니다. 늘 강조하지만 '돈'은 그 수단이지 목적이 되지는 못합니다.

이 책을 읽고 있다면 적어도 투자에 관심이 많고 재정적 여유를 가지고자 하는 생각이 있는 분들일 것입니다.

그렇다면 이 질문에 답해 보세요.

하고 싶지 않은 일을 해야 하지만 연봉 수준이 아주 높은 회사가 있다고 가정하겠습니다.

이 회사는 아침 7시에 출근해서 새벽 1시에 퇴근해야 하고 주말이나 휴가 없이 식사 시간 외에 쉬지 않고 일해야 합니다. 그런데 연봉은 3억을 받습니다. 이 회사에 입사할 의향이 있나요?

Yes / No

어느 쪽인가요?

실제로 이 질문을 해보면 재정적으로 여유 있지 못한 직장인들은 'Yes'라고 답을 많이 합니다. 1년만 고생하고 편하게 살 수 있으니 '하겠다'고 합니다.

그러면 다시 질문해 보겠습니다.

같은 조건의 회사이지만 20년을 의무적으로 근무해야 합니다. 그만둘 수 없습니다('법적으로 그만둘 수 있잖아' 하는 태클은 잠시 내려놓고 그냥 가정해 봅니다). 20년을 다닐 수밖에 없습니다. 그래도 연봉 3억을 주는 이 회사에 다닐 것인가요? 20년 후면 무려 60억을 벌 수 있습니다!

이번엔 60억을 버는데도 대부분 'No'라고 합니다. 돈 때문에 내 인생 20년을 그렇게 보낼 수는 없지요. 그러면 1년은 되고 20년은 안 되는데, 10년은 어떤가요? 15년은? 5년은? 3년은? 이제부터는 사람마다 모두 다른 대답을 하겠지요.

중요한 것은 몇 년인가가 아니라, 돈을 아무리 많이 벌어도 내 삶의 여유가 없다면 아무런 의미가 없다는 것입니다. 우리 모두는 '돈' 자체가 목적이 아니기 때문입니다. 그런데 앞서 언급했던 대로 일반적인 직장인의 월급으로는 재정적 여유를 가지는 삶이 거의 불가능합니다.

돈은 많이 벌되 삶의 여유는 있어야 하는데 근로소득으로는 불가능하다는 뜻입니다.

유일한 방법은 근로소득에서 자본소득으로 전환하는 것입니다. 근로소득을 자본소득으로 전환해야 하는 이유는 여러 가지가 있습니다.

첫째, 앞서 예시를 들어 설명한 것처럼, 자본소득만이 생활의 여유를 가지게 합니다. 돈이 돈을 벌게 해야만 생활의 여유를 가질 수 있습니다.

둘째, 근로소득은 절대로 자본소득을 따라갈 수 없는 구조이기 때문입니다.

인터넷에 한창 유행을 했던 웹툰이 있습니다. 현대판 개미와 베짱이 이야기인데, 조금 각색해서 소개하자면 이렇습니다.

신입사원인 개미 군은 언제나 열심히 일하고, 베짱이 군은 어머니가 사준 집에 살면서 클럽에 다니며 놀기만 합니다.
이렇게 지낸다면 미래는 어떻게 될까요?
비록 지금은 베짱이군이 어머니가 사준 집 때문에 3억 앞서가지만, 과연 3년 후에도 그럴까요?

자, 3년 후가 되었습니다.

알뜰살뜰 개미 군은 어느새 월급을 조금씩 모아 3년 동안 무려 3천만 원을 모았습니다. 그렇다면 놀기만 한 베짱이는 어떻게 되었을까요?

일 안 하고 놀기만 했던 베짱이는 집값이 2억 올랐네요.

이제 격차는 4억 7천이 되었습니다.

어떻습니까?

씁쓸하지만 이것이 현실입니다.

개미군이 "이런 니미, 못 해 먹겠네" 하며 가방을 집어 던지는 것이 이 웹툰의 마지막 장면입니다.

근로소득은 늘 자본소득을 따라갈 수 없습니다. 이는 웹툰뿐만 아니라 현실에서도 늘 우리가 겪는 사실입니다. 〈매일경제신문〉 2017년 1월 31일 자 '근로소득 7년간 20% 오를 때 빌딩 임대소득은 8배 뛰었다' 기획기사를 보면 근로소득이 자본소득을 따라갈 수 없는 구조를 잘 이해할 수 있습니다. 지난 7년간 근로소득은 20% 올랐는데, 자본소득은 8배가 올랐으니 이미 극복할 수 있는 수준이 아닙니다.

셋째, 자본소득으로 전환하게 되면 회사를 그만둔다는 개념이 아니라 회사를 훨씬 더 즐겁게 다닐 수 있게 된다는 점에서 큰 의미가 있습니다. 근로소득이 의미가 없으니 근로소득을 자본소득으로 전환해야 한다고 하지만 이는 노동의 가치를 폄하하는 것이 아니라 오히려 더욱 신성한 가치를 존중하는 쪽에 가깝습니다.

자본소득이 생기기 시작하면 '생활비를 위해 버텨야지' 하는 생각에서 벗어나 '재미있는 일을 해야지'라는 생각을 가질 수 있습니다. 가족과 함께 하는 시간보다 훨씬 더 많은 시간을 회사 동료와 보내고, 집에 있는 시간보다 훨씬 많은 시간을 사무실에서 보내는 직장인들에게 이는 매우 큰 인생의 변화가 됩니다. 많은 직장인들이 원하면서도 이루지 못하는 '즐겁게 일하기'를 위한 심리적 텃밭이 만들어지기 때문입니다.

제가 회사에 다닐 때 누군가 대출을 받아서 집을 샀다고 하면 항상 주변 사람들이 이렇게 말하곤 했습니다.

"이제 대출 갚으려면 빼도 박도 못 하고 평생 뼈를 묻고 충성하며 다녀야겠네."

심지어 집을 산 본인도 스스로 그렇게 말하곤 했습니다. 그 말이 저는 참 듣기 불편했습니다. 우선 그런 마음으로 회사에 다니면 과연 즐거울 수 있을까?에 대한 의문이었고, 또 다른 하나는 월급으로는 절대로 그 대출을 다 갚을 수 없기 때문이었습니다. 집을 사는 것은 좋지만 차근차근 자본소득의 시스템을 만들어가야 합니다. 하루아침에 되기는 어렵습니다.

이제, 여러분들은 '근로소득을 자본소득으로 전환해야지'라고 결정만 하면 됩니다. '어떻게?'는 이 책만 끝까지 읽으면 됩니다. 그러나 '결정'은 여러분들의 몫입니다. 자본소득으로 전환하는 것은 돈이 많이 드는 것도 아니고, 시간을 많이 투자해야 하는 것도 아닙니다. 다만 용기가 조금 필요합니다. 그래서 제가 해 드릴 수 없습니다.

우선 여기까지 읽으면서 '아, 당장 근로소득을 자본소득으로 전환해야겠다'라는 생각이 들지 않는다면 처음부터 여기까지 다시 읽어 보셔야 합니다. 그리고 만약 당장 자본소득으로 전환하는 방법을 알고 싶지 않다면 더 이상 책을 읽지 않아도 됩니다. 스스로 자본소득으로 전환하겠다는 '결정'을 하지 않는다면 누구도 도와줄 방법이 없습니다.

제가 기대하는 가장 바람직한 모습은 여기까지 읽고 나서 '당장 자본소득으로 전환해야겠다. 그런데 돈은 별로 없는데 나도 할 수 있는 방법이 없을까?'라고 생각하는 것입니다.

이 생각이 들었다면 성공입니다. 이제야 비로소 다음 장을 읽을 자격이 되었습니다.

절약 강조 TV 프로그램,
희망고문 스튜핏!

최근 절약을 강조하는 TV 프로그램이 큰 흥행을 했습니다. 2017년 11월 말부터 2018년 4월 사회적 이슈로 갑작스럽게 중단되기까지 거의 6개월 동안 아주 큰 인기를 누렸습니다.

이 기간 동안 수많은 영역에서 '스튜핏!'과 '그뤠잇!'의 패러디가 넘쳐났으니 확실히 반응이 좋았던 것 같습니다.

이 프로그램에서 배울 점은 단 한 가지입니다.

"불필요하고, 과한 지출을 줄이자."

이 부분만은 의미 있습니다.

그러나 부동산 투자 코칭을 하는 제 눈에는 '불 필요하고, 과한 지출을 줄이자'는 관점 외에는 따라 하는 것이 의미가 없는, 아니 따라 하지 않아야만 한다고 생각되는 것들이 대부분입니다.

　우선 이 프로그램에 나와 유명했던 어록들을 한번 살펴보겠습니다.

- 음악은 1분 미리 듣기로도 충분하다.

- 껌이란 친구가 줄 때 먹는 것이다.

- 돈은 원래 안 쓰는 것이다.

- 생수란 집에서 준비해 가는 것이다.

- 택시란 의사결정권자에게 갈 때만 타는 것이다.

- 소화가 안 될 땐 소화제가 아니라 점프를 해라.

- 옷은 기본이 22년이다.

- 커피는 선배가 사줄 때 먹는 것이다.

- 지금 저축하지 않으면 나중에 하기 싫은 일을 해야 한다.

　아주 재미있어서 저도 보면서 많이 웃었습니다. 그러나 만약 여러분이 일반적인 직장을 다니는 회사원이라면 절약을 통해 여러분들이 원하는 목표를 달성하는 것은 매우 어렵습니다. 아니, 거의 불가능합니다.

　재정적 여유를 가지기 위해서는 절대로 '절약'에 집중해서는 안 됩니다. 사회적으로도 '절약'보다는 '소비'가 훨씬 더 큰 미덕입니다. '내가 쓰는 것을 줄인다'로 과연 얼마나 줄일 수 있나요? 월급에서 반드시 써야 하는 돈을 빼고 실질적으로 '소화가 안 되어도 소화제 사지 않고 점프하면서' 줄일 수 있는 돈이 한 달에 얼마나 되시나요?

동네 중식당에 갔습니다. 옆 테이블에는 쟁반 자장과 탕수육을 맛있게 먹고 있네요. 그러나 당신은 재밌게 보았던 TV 프로그램을 떠올리면서 '탕수육은 스튜핏!' 하면서 일반 자장면 하나만 시킵니다. 스스로 '잘했다'라고 칭찬하며 자장면을 먹으면서도 옆 테이블에 자꾸 눈이 갑니다. 이렇게 해서 아낀 돈이 탕수육 값 1만 원입니다. 그렇게 하루 세끼 3만 원을 아껴봅니다. 사실 이렇게 3만 원을 아낀다는 것도 말이 안 되지만, 그렇다고 가정해 봅시다. 한 달에 90만 원을 아낍니다. 1년이면 1천만 원이 넘는 돈이 절약되겠네요. 정말 엄청나게 커 보이나요?

통계 자료를 보면, 월 200만 원 이하의 저소득층은 내 집 마련에 10년, 월 200~400만 원의 중소득층은 5.6년이 걸린다는 국토교통부 자료가 있습니다. 여기서 간과하면 안 될 부분은 '한 푼도 쓰지 않고' 저축할 경우의 기간이라는 점입니다. 그

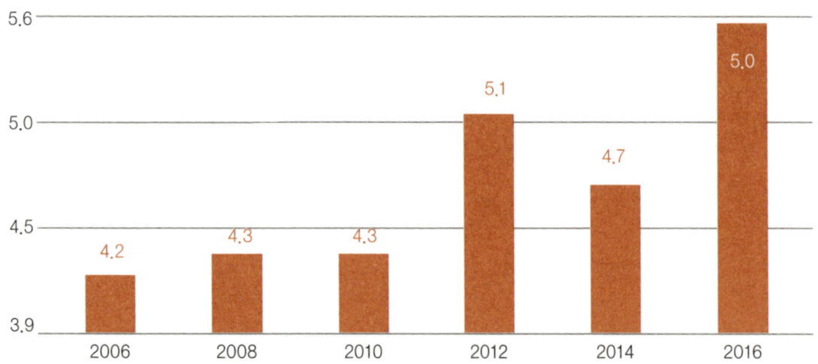

중위권 연소득기준 주택구매능력, 출처 = 통계청

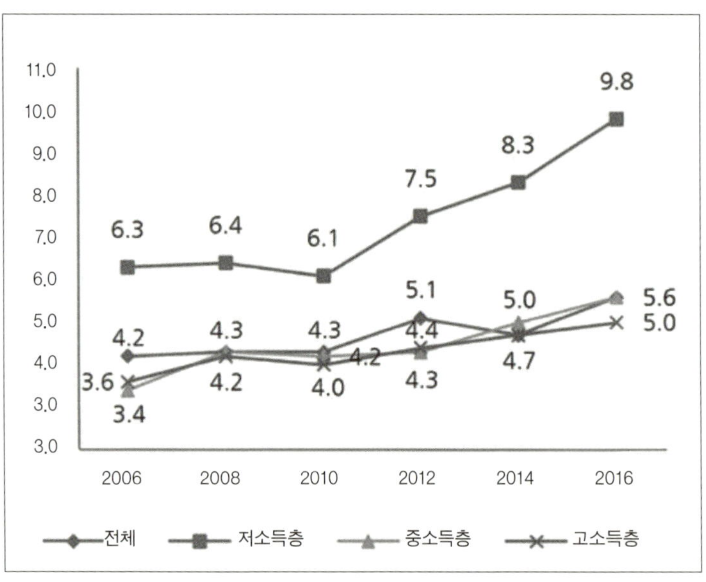

소득별 자가 가구의 연 소득 대비 주택가격비율(PIR) 추이, 출처 = 국토교통부

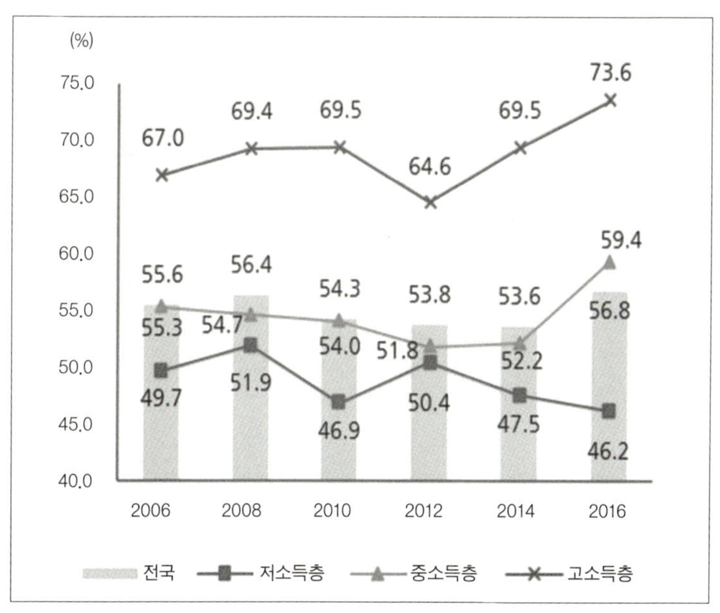

소득별 주택 자가점유율 추이, 출처 = 국토교통부

것도 살 때가 아니라 지금 시점의 시세로요.

이 프로그램의 진행자가 정말 부동산 등 현물투자 없이 '적금'이나 '절약'만으로 모아서 지금 살고 있는 집인 타워팰리스에 입주했다면 딱 두 가지 이유입니다. 출연료가 일반 직장인의 월급 수준이 아니라 훨씬 많았거나, 혹은 누군가가 재정적으로 지원해 주었거나 둘 중 하나입니다.

월 실수령액 200~400만 원의 중소득층의 월급으로는 백날 적금 들고, 속 안 좋을 때 점프하고, 택시 안 타고, 커피 얻어

마셔봐야 30평대 15억 전후인 타워팰리스 근처에도 갈 수 없습니다. 절대로, 절대로 못 갑니다.

이 TV 프로그램에서 불필요한 지출을 보고 '스튜핏!' 할 때는 저도 재미있게 웃을 수 있습니다. 그러나 적금을 든 것을 보고 '그뤠잇!' 할 때는 정말로 웃을 수가 없습니다. 가장 마음이 불편할 때가 이때입니다. 겨우 2%대 금리인 적금을 든다고 '그뤠잇'이라니……. 이 프로그램에 검토해 달라고 영수증 보내신 시청자 중 월세로 사는 분들이 당장 전세자금 대출을 받아서 전세로 전환만 해도 적금을 드는 것보다 훨씬 더 이익입니다.

저는 이 프로그램에 '희망고문 스튜핏!'이라고 외치고 싶습니다. 무조건 '절약'이 아닌, 하루빨리 '근로소득을 자본소득으로 전환'하는 것이 가장 중요한 요소입니다. 이에 더하여, '절약'이라는 주제에 매몰되면 '지금'의 인생이 풍요로워질 수 없습니다. 재정적 풍요로움이 아니라, 정신적 풍요로움을 잃게 됩니다.

정신적 풍요로움을 잃게 된다는 것은 아주 중요한 두 가지 의미가 있습니다.

첫째, 뭔가 '거꾸로' 되었다는 것입니다.

우리가 돈을 모으는 이유가 무엇입니까? 이 세상에 돈 자체가 목적인 사람은 없습니다. 모두 어떤 형태로든 '소비'를 통해 '행복'을 얻기 위함입니다. 미래의 행복을 위해 현재의 행복을 희생한다는 것인데 신중하게 생각해 볼 문제입니다.

하인리히 뷜(Heinrich Boll)의 〈어부 이야기〉를 아시지요? 제가 한번 더 상기시켜 드리지요.

따뜻한 햇볕이 내리쬐던 어느 날, 늙은 어부가 잠을 자고 있었습니다. 관광객이 바닷가를 거닐다가 해가 중천에 있을 때까지 잠만 자는 할아버지가 이상해서 이렇게 물었답니다.

"할아버지 고기잡이 안 나가세요? 해가 저렇게 높이 떴는데."

할아버지는 눈을 슬며시 뜨며 말했지요.

"벌써 새벽에 한 번 다녀 왔네"

"그럼 또 한 번 다녀오셔도 되겠네요."

"그렇게 고기를 많이 잡아 뭐하게?"

"아, 그럼 저 낡은 배를 새것으로 바꿀 수 있잖아요."

"그래서?"

"아, 그럼 새 배로 더 많은 물고기를 잡을 수 있고요."

"그러면?"

"더 큰 배를 사고, 많은 사람들을 고용하여 더 많은 돈을 벌 수가 있을 테고요"

"그렇게 돈을 많이 벌어서 뭐하게?"

"공장도 세우고 더욱 많은 돈을 벌 수가 있지요"

"옳지, 그리고 나면 뭐하지?"

"아, 그러면 할아버지는 일을 안 해도 되고 편안하게 누워서 지낼 수 있지요."

"지금 내가 바로 그렇게 잘 지내고 있다네."

우리는 돈을 벌어서 잘살겠다고 말하지만 정작 돈을 버느라 잘살지 못할 때가 많습니다. 그렇습니다. 뭔가 거꾸로 바뀐 채로 살아가게 되는 것이 바로 '절약'에 집중하게 되는 순간입니다.

둘째, 정신적 풍요로움을 잃으면 '시간도 잃는다'는 것입니다.

제가 대기업에 다닐 때 항상 느꼈던 것이 있습니다. 회사에서 교육을 받을 때 늘 시간 관리를 강조하면서 들었던 말인데요. '시간은 누구에게나 공평하게 24시간이 주어진다'는 것입니다.

저는 전혀 동의할 수 없습니다. 제가 회사에 다닐 때 늘 야근을 하다 어느 날 임원과 함께 퇴근하면, 임원은 기사가 운전하는 차량에 올라 편하게 집에 가는 모습을 뒤로하고, 저는 흔들리는 만원 지하철을 타고 오면서 이런 생각을 했습니다.

"도대체 왜 시간이 공평하다고 한 것일까? 나는 이렇게 만원 지하철에서 한 시간 동안 서서 힘들게 집에 돌아가면 지쳐서 씻고 한 시간은 쉬어야 뭔가 할 에너지가 생기는데, 임원은 편하게 차 안에서 책도 보고 음악도 들으며 집에 도착하면 또 무언가 할 수 있는 에너지가 이미 충전되어 있을 테고. 그러면 나는 벌써 두 시간 손해인데" 하고 말이지요.

절약하게 되면 항상 시간을 잃게 됩니다. 재정적 풍요로움을 얻지 못하는 것은 여러 환경에 좌우하지만, 정신적 풍요로움을 얻지 못하는 것은 오로지 자신의 선택 때문입니다. 그리고 이보다 더욱 중요한 것은 정신적 풍요로움이 없는 상황에서는 결코 재정적 풍요로움이 따라올 수 없다는 점입니다.

연예인이나 스포츠, 예술 등 특별한 직업이 아니라 일반적인 직장인의 월급만으로 무언가 해보려는 생각에서 빨리 벗어나야 합니다.

그래도 절약만을 강조하는 이 프로그램을 따라 하겠다고요?

"희망고문 스튜핏!"

부동산 투자의 큰 그림 그리기

시대의 흐름에 맞는
투자 전략을 세워라

부동산은 지금이 꼭지다

1. 80채를 가진 부동산 투자자 이야기

문재인 정부의 8·2 부동산 대책과 가계부채 종합대책 등 2017년은 역사에 남을 만한 고강도 대책이 줄을 이었습니다. 저도 덕분에 2017년 가을에는 상담을 아주 많이 했습니다. 재미있는 것은 대부분의 고객님들이 계약을 하면서도 '이제 꼭지 아닐까요? 괜찮을까요?'를 묻곤 하십니다. 그런데 사실 생각해보면 10년 전부터 항상 부동산은 누군가는 꼭지라고 했었고, 그 때도 항상 '지금은 다르다'고 했던 것 같습니다.

가끔 저는 지난 2015년 〈SBS 스페셜〉에 출연했던 주택 80채 가지고 계신 분의 이야기를 떠올리는데요. 촬영 당시인 2015년 인터뷰 내용에도 '늘 꼭지라고 했어요'라고 말하는 장면이 나옵니다.

그것도 2010년을 회상하면서요.

당시 방송이 나온 후로 이 분을 따르는 사람도 무척 많았지만, 그만큼 욕도 많이 먹었다고 합니다. 여기서 ‘집을 80채 가지고 있다는 것이 자랑이냐’ 하는 논란은 잠시 뒤로 하고, 단순히 ‘묻지마 투자’가 아니라 끊임없이 현장 임장을 다니며 시세를 분석하고 노력하는 모습만큼은 긍정적이라는 생각이 듭니다.

저는 사실 ‘집이 몇 채인지’ 이런 부분보다는 이 분이 했던 이야기가 기억에 남았습니다.

“둘 중 하나를 선택하시면 돼요.

부자가 될 용기가 있으면 불안을 선택하고 투자를 하는 거고,

부자가 될 용기가 없는 사람은 또래집단과 같이 늘 불만을 가지고 현실에 안주하며 살면 돼요.”

이 분의 이야기 역시 개인의 철학을 이야기한 것인 만큼 누구는 동의하고, 다른 누구는 그렇지 않을 것입니다. 우선 저는 ‘투자를 해야 한다’는 점에서는 매우 동의합니다. 그러나 집을 80채나 가지고 있는 그가 직접 말한 대로 ‘불안’을 선택한 부분에서는 동의하기 어렵습니다. 저는 이런 삶이 목표가 되어서는 안 된다고 생각합니다.

제가 직장을 그만두고 ‘부동산코치’의 길을 걷겠다고 생각한

것은 '불안'하면서도 무리하게 공격적으로 투자해야 한다는 것이 아니라 '안전'하고 '즐겁게', 그러면서도 '재정적으로 여유로울 수 있는' 투자가 부동산이었기 때문입니다. 그리고 그렇게 얻은 재정적 여유를 통해 '내가 진짜 하고 싶은 일'을 하며 살아가는 것이 궁극적인 목표입니다. '돈을 많이 버는 것'이 목표가 되어서는 안 됩니다.

"돈을 벌어서 무엇을 할 것인가"가 훨씬 더 중요한 질문이 되어야 합니다.

물론 그가 한 말에서 제가 현장에서 느낀 점과 일맥상통하는 부분도 있습니다. 투자도 투자할 줄 아는 사람만 투자하고, 투자하지 못하는 사람은 결국 못하는 경우가 매우 많다는 것을 현장에서 항상 느끼기 때문입니다.

투자를 잘 못 하시는 분들은 아주 좋은 소액 투자 물건을 소개해 드려도, "제가 봐도 좋긴 한데…… 혹시라도 전세 안 맞춰지면 제가 돈이 없어서 살 수가 없는데 어쩌죠?" 하고, 제가 "이미 들어올 세입자가 대기중입니다."라고 해도 "그럼 만기 때는요? 그때는 다음 전세가 꼭 맞춰진다는 보장이 없잖아요."라고 합 니다.

또 수익률이 높은 수익성 투자 물건을 소개하면서 "시세가 보증금 3천만 원에 월세 110만 원이니 수익률이 5.5% 정도 됩니다." 하면 "보증금 3천만 원에 월세 110만 원에 구해지지 않아서 월세가 100만 원이나 90만 원이 되어버리면 어쩌죠?" 하고, 제가 "이 동네는 공실이 거의 없고 똑같은 구조인 바로 아래층이 보증금 3천만 원에 월세 110만 원에 이미 입주해 있는데 투자하시려는 집은 로열층이고 전망도 더 좋으니 더 받으면 받았지 더 적지는 않을 것입니다." 해도 "그래도 그게 100% 된다는 것은 아니잖아요." 라고 합니다.

이쯤 되면 사실 저도 사람인지라 좋은 투자처인 것을 아는 눈을 가진 분에게 고맙다는 소리 들으면서 일하고 싶지, 좋은 줄 모르고 의심만 하고 부정적으로만 접근하는 분과는 일하고 싶지 않다는 생각이 저절로 듭니다.

물론 전혀 틀린 말은 아닙니다. 그분 말대로 100%는 아니지요. 전세가 꼭 맞춰진다는 보장도 없고, 더 좋지 않은 아랫집이 110이라고 해서 반드시 내 집이 110에 된다는 보장도 없습니다. 다만,

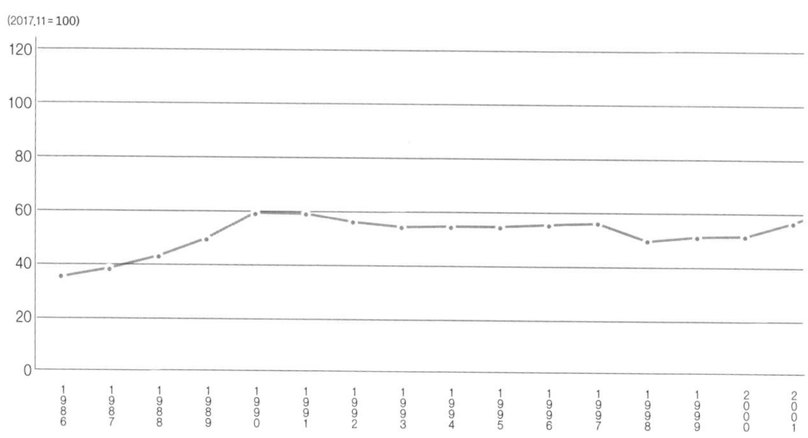

전국 주택매매가격 변동률, 출처 = 통계청

이 세상에 100%인 그런 투자는 없습니다. 모든 것이 100% 확실하다면 그 가치가 이미 시장에 완전히 반영되어 있을 것입니다. 그렇다면 '투자 가치'는 이미 사라진 것이지요. 모든 투자의 '가치'는 '불확실성'에서 생겨나는 것입니다.

제가 다른 투자보다 부동산 투자만을 권하는 이유는 그래도 가장 안전한 투자이기 때문입니다. 또 다른 이유는 하루하루의 수익률에 일희일비하지 않고 평생을 즐기면서 하는 투자라는 점이고요. 어떤 투자 방식을 선택할지, 그리고 얼마만큼 안전성에 비중을 둘지는 모두 투자자의 몫일 뿐이지만 용기가 필요한 것만큼은 사실인 것 같습니다.

다시 이 방송으로 돌아가 보지요. 이 프로그램의 결말은 무엇이었을까요? '아파트 사지 마라'는 것이 프로그램의 내용입니다.

일본의 예와 국내 전문가들의 의견을 다루면서 집값은 떨어질 것이라고 예측하고, 방송에 등장했던 한 신혼부부는 결국 집 사기를 포기하는 것으로 방송은 끝이 납니다.

여러분은 어떤 생각이 드시나요? 거듭 말씀드리지만, 이 방송은 2015년 10월 방송입니다. 지금 시점에서 돌아보면 집 사기를 포기한 그 신혼부부는 아마 후회했을 것입니다.

자, 이제 부동산은 정말 꼭지일까? 라는 질문에 대한 답은 "지금까지도 늘 꼭지였다"가 되겠습니다.

2. 인구가 줄어드는 것과 가구가 줄어드는 것은 다르다

최근 소형 주택의 인기는 날이 갈수록 높아지고 있는데요, 앞으로도 소형 주택의 인기는 계속될까요? 소형 주택 인기의 근본적인 원인은 가구원 수가 줄어들고 있기 때문입니다.

실제로 국내 1인 가구는 1995년 164만2,406명에서 2015년 520만3,440명으로 356만1,034명이 증가했습니다. 전체 가구 수에서 차지하는 비율도 1995년 12.67%에서 27.23%로 약 14.56%포인트 상승했습니다. 서울에만 110만 명의 1인 가구가 있으니 엄청나지요. 그러니 주택거래 중 중소형 주택 비율이 높은 것은 당연할 것입니다.

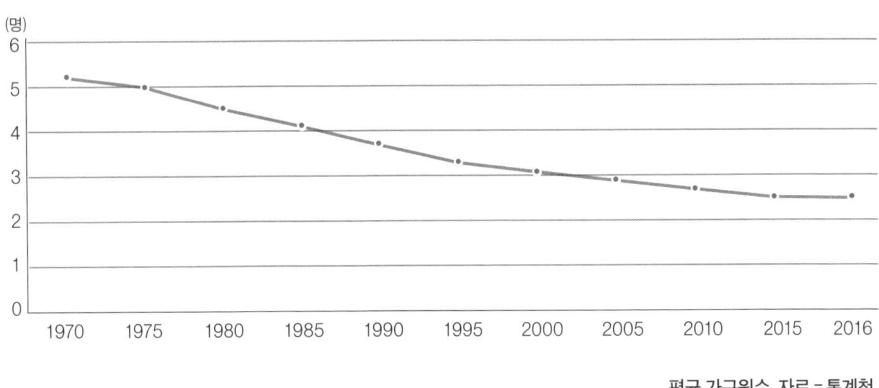

평균 가구원수, 자료 = 통계청

2017년 5월까지 아파트 거래가 약 11만 건 정도인데, 이 중 전용 85㎡ 이하 거래량이 9만 5천 건이 넘습니다. 비중으로 보면 전체 거래량의 88%입니다. 더 작은 전용 60㎡ 이하 주택의 거래량도 약 4만 건으로 36%나 됩니다.

중년의 투자자분들에게 투자용 다세대주택 현장을 보여드리면 많은 분들이 "이 코딱지만 한 집이 몇억씩 하네" 하시며 혀를 내두르시는데요. 빨리 시장의 흐름을 받아들여야 투자에 성공하실 수 있습니다.

제가 더 의미 있는 자료를 보려고 통계청 자료를 직접 분석하여 가구 인원과 방수를 확인해 보았는데요. 최근 인기 있는 신축 다세대주택이 대부분 투룸, 쓰리룸이니 이들의 비중도 얼마나 되는지 보고 싶었기 때문입니다.

우선 전국과 서울만 보면 아래 표와 같습니다.

행정 구역별 (시군구)	가구원수 별	2015년 기준						
		일반가구	비중	방 1개	방 2개	방 3개	방 4개	방 5개 이상
전국	계	19,111,731	100%	2,677,456	5,011,607	9,374,180	1,778,873	269,615
	1인	5,211,133	27%	2,152,776	1,719,816	1,154,729	164,804	19,008
	2인	4,982,726	26%	400,723	1,633,253	2,499,550	391,295	57,905
	3인	4,101,799	21%	88,016	971,874	2,536,298	445,459	60,152
	4인	3,591,071	19%	29,054	549,971	2,431,744	511,945	68,357
	5인	954,291	5%	5,744	115,069	602,861	191,765	38,852
	6인	209,304	1%	934	17,423	118,904	55,403	16,640
	7인~	61,407	0%	209	4,201	30,094	18,202	8,701
서울	계	3,785,433	100%	664,367	1,085,943	1,655,413	332,738	46,972
	1인	1,114,964	29%	555,706	357,447	168,340	30,592	2,879
	2인	930,699	25%	83,139	357,974	408,723	70,786	10,077
	3인	818,460	22%	17,879	224,745	479,462	85,390	10,984
	4인	701,595	19%	6,135	119,812	464,163	98,299	13,186
	5인	170,318	4%	1,266	21,894	106,940	34,110	6,108
	6인	38,558	1%	208	3,260	22,287	10,236	2,567
	7인~	10,839	0%	34	811	5,498	3,325	1,171

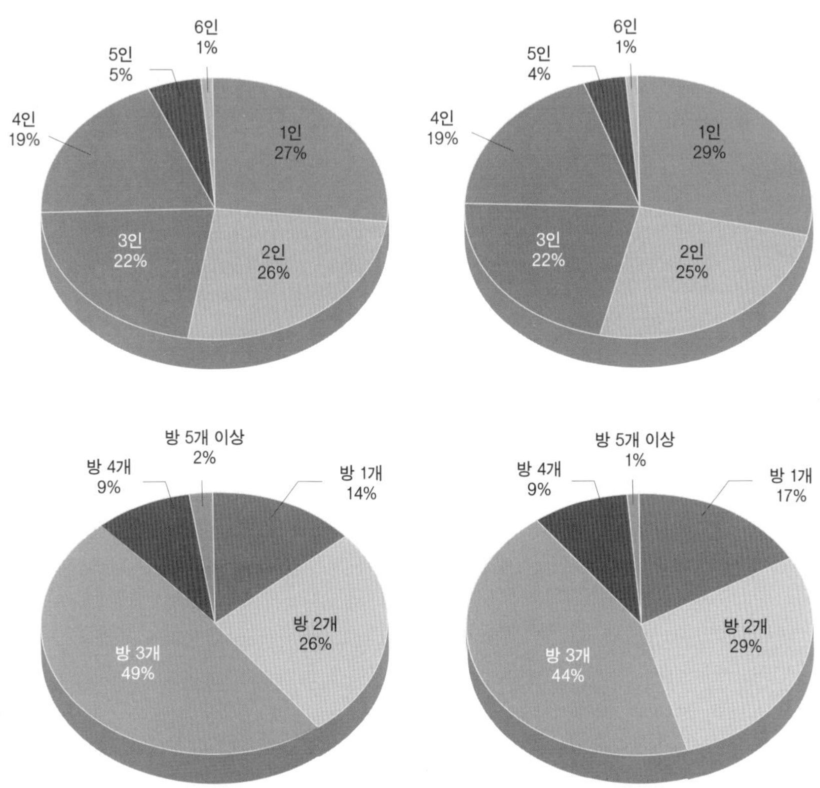

전국의 1, 2, 3인 가구가 무려 75%이며, 서울은 조금 더 높은 76%입니다. 소형 주택이 인기가 있을 수밖에 없는 수치이지요. 일부 부동산 컨설턴트들이 소형 주택은 이제 너무 올랐고 공급도 많은데, 이에 반해 중대형 주택은 희소성이 있어서 앞으로 유망하다는 이야기도 간혹 들었습니다만 저는 동의하기 어렵습니다.

희소성이 가치가 있으려면 그에 따른 수요가 많아야 합니다. 수요가 없는데 공급이 적다고 희소성의 가치가 생기지는 않기 때문입니다. 방 수를 보면 전국 투룸, 쓰리룸이 75%이고, 서울은 73% 입니다. 아무래도 시세가 비싸다 보니 원룸 공급이 조금 더 많기 때문일 것으로 생각됩니다.

결국 서울이나 전국으로 보나 1, 2, 3인 가구가 75% 정도 되니 소형 평형의 인기는 앞으로 지속될 것으로 예상합니다.

그러나 2017년 발표된 8·2 대책 이후 생각해 봐야 할 부분이 생겼습니다. 여러 제도가 나왔지만 그중 하나가 1가구 1주택 양도소득세 면제가 되기 위해서 지금까지는 소유 2년이면 충분하였으나 이제는 거주 2년의 요건이 추가되었습니다. 주택임대사업자 등록을 통해 소형 주택에 대한 투자는 지속되겠지만 아무래도 제도상 '거주'라는 요건이 추가됨에 따라 적어도 서울의 중형 시장은 지금보다는 조금 더 상향 조정하는 데 영향을 주지 않을까 싶습니다.

그래서 앞서 언급한 부동산 컨설턴트들의 예측이 '일시적으로' 일부 들어맞을 수도 있겠습니다. 물론 그 이유는 '똘똘한 한 채' 신드롬이 큰 역할을 했으므로 '희소성'이 아니라 '제도'에 있다는 점은 중요한 포인트이고요.

분명한 것은, 그렇다고 해서 중대형 시장의 인기가 소형보다 더 높아지는 일은 일어나지 않을 것으로 저는 예상합니다. 지난 2015 년 통계자료 이후로 지금까지도 새로운 자료는 나오지 않았습니다. 2015년에 이미 1, 2, 3인 가구가 75%이니, 지금은 80% 가까이 되지 않을까 추정하는 상황에서 앞으로 더 증가하는 추세에 있으므로 시대적 흐름이라는 대세를 한두 개의 제도가 거스르기는 어려울 것으로 생각됩니다.

실제로 이미 2018년의 흐름도 여전히 소형의 인기가 높은 상황입니다. 사회의 구조가 그러니 당연한 결과이겠지요. 결국, 앞으로도 소형 주택의 인기는 계속될까에 대한 질문에는 '그렇다'로 답할 수 있겠습니다. 그러나 여러 대책 속에서 새로운 투자 전략을 고민한다면 향후 5년 동안은 아파트 시장보다는 다세대주택, 도시형생활주택 등 소형 주택 영역으로 방향을 수정하는 것을 조언 드립니다.

인구가 줄어드는 것과 가구가 줄어드는 것은 매우 다릅니다. 인구가 줄어도 1인 가구가 계속해서 증가한다면 오히려 소형 주택 수요는 늘어날 수밖에 없겠지요.

3. 다양한 부동산 규제, 정부가 진짜 바라는 것은?

1천조 원이 넘는 단기 부동자금이 갈 곳이 없는 지금 시점에서 이대로의 강한 제도가 이어진다면 결국 시장은 관망, 또 관망이 이어지고 일부 급매물이 나오면서 시세가 조정 국면에 들어갈 수는 있겠습니다. 그러나 이런 추세가 언제까지 갈 수 있을까요? 사람들은 이미 2~3년 예상하기 시작했고, 최악의 상황에도 5년간의 문재인 정부 기간을 생각하고 있습니다. 이렇게 된다면 결국 부동산 격언 중 하나인 "부동산 투자는 시간을 지배하는 자가 승리한다"라는 말을 다시 확인하게 될 것 같습니다.

사실 요즘 현장에서는 "조정기를 거치고 나면 2~3년 후 부동산의 급격한 상승이 점점 확실시 되어간다"는 이야기가 많이 돌고 있습니다. 그렇다면 당장 자금 회전이 어렵고 세금 부담과 대출 부담으로 급히 매도해야 하는, 즉 '상대적으로' 여유가 없는 사람들만 타격을 받게 됩니다. 여유 자금으로 시장의 흐름이 바뀔 때까지 기다릴 수 있는 사람들은 결국 급매물을 매수하고 전·월세를 올리면서 오히려 더 좋은 시장 우위를 가져가는 구조가 됩니다.

현 정부가 그렇게 싫어하는 '진짜 투기꾼'들에게만 더 좋은 세상을 만들어주는 아이러니한 현상이 나타나는 것은 아닌가 싶습니다.

늘 말씀드리지만, 저는 정책을 만드는 사람이 아니므로 정책이 이래야 한다 저래야 한다 하는 논의는 불필요하다고 생각합니다. 저는 현재의 환경 속에서 가장 적절한 투자 코칭을 할 뿐입니다. 그런 점에서 저는 현재 시점에서는 가격 하락과 조정이 단기적으로 불가피할 수 있겠지만, 중장기적으로 볼 때는 결국 투자와 내 집 마련 모두를 권할 수밖에 없겠습니다.

사실 정부 입장에서도 자칫 집값이 크게 떨어져서는 안 됩니다. 집값이 떨어지면 우리나라 전체 경기를 위해 경기부양책을 써서라도 다시 온기를 불어넣을 수밖에 없습니다. 급격한 상승은 막아야 하겠지만, 정부가 바라는 바람직한 모습은 '부동산 거품 걷기'가 아니라 '완만한 상승'인 것입니다.

2018년 4월 기준, 정부는 대통령 직속 정책기획위원회 산하 재정개혁특위를 구성해 실질적으로 마지막 남은 규제 카드인 '보유세 인상'을 검토하고 있습니다.

예상대로 보유세 개편안으로 공정시장가액비율을 상향 조정하여 인상하는 쪽으로 가닥을 잡는다면 주로 고가주택 보유자와 다주택자를 중심으로 큰 영향을 미칠 수도 있을 듯합니다.

물론 바로 결정이 되더라도 시행은 2019년부터 가능할 것으로 생각되지만, 그 전부터 시장의 불확실성이 강화되어 고가 아파트를 중심으로 거래가 줄어드는 것은 피할 수 없을 것 같습니다.

이번에 보유세 인상이 바로 되지 않더라도, 보유세 카드를 계속 만지작거리는 액션만으로도 고가 주택에 대한 파장은 어느 정도 지속하지 않을까 싶습니다.

특히 강남권 고액 아파트의 경우 2018년 1분기를 지나면서 이미 거래량이 많이 감소한 상황입니다.

이 시점에서 투자 방향은 어떻게 가져가야 할까요?

소액 투자자 입장에서 보면 오히려 기회가 될 수 있습니다. 정부의 칼은 결국 고가주택 보유자와 다주택자에게 집중될 수밖에 없습니다. 규제 뒤에는 항상 지원이 있습니다. 이 점을 잘 활용하면 됩니다.

정부의 규제는 피하고, 지원은 활용하는 방법. 그것이 바로 주택임대사업 등록을 하고 $40\,m^2$, $60\,m^2$ 수준의 소형 서민주택에 투자하는 것입니다.

문재인 정부
부동산 대책에 대한 소고

2017년 8·2대책을 시작으로 많은 부동산 규제 정책이 나왔습니다. 이런 부동산 대책들은 부동산 현장을 가장 가까이에서 보고 있는 제 시각에서 볼 때 아쉬운 점이 세 가지가 있습니다.

1. 부동산 급등 원인을 바라보는 시각

최근 부동산 급등의 원인이 어디 있는지를 바라보는 시각은 다소 걱정스러운 점이 있습니다. 부동산 급등의 원인 중에 분명 '투기세력'이 한몫을 하겠지만 그것이 전부는 아닙니다. 돈이 부동산으로 몰릴 수밖에 없는 환경이 더 큰 이유입니다. 투자자들을 움직이는 '동인(動因)'이 '부동산을 주거가 아닌 투기 대상으로 봄'에 있는 것일까요? 꼭 그렇지는 않습니다. 투자자는 물론 모든 사람은 돈에서는 철저히 '경제적 동물'입니다. 부동산보다 더 좋은 투자처가 있다면 뒤도 안 돌아보고 부동산을 떠나 그 투자처로 몰릴 것입니다.

결국 저는 현재 투자자들을 움직이는 가장 큰 동인은 '저금리로 인한 유동자금 증가'로 보아야 적절하다고 봅니다. 실제로 한국은행이 발표한 시중 단기 부동자금은 2017년 5월 기준으로 무려 1천20조가 넘습니다. 이는 사상 최대치입니다. 이 부분을 동인으로 본다면, 부동산의 수요 억제 정책이 약발을 받으려면 이 사상 최대치의 돈이 다른 곳으로 갈 데가 있어야 하는데 현실적으로 그런 투자처가 없습니다. 결국 이번 대책으로 부동산 시세 상승이 꺾이며 소위 약발이 나타난다면 그것은 '잠시 대기 중' 상태일 뿐이라는 이야기가 됩니다.

이런 제 의견을 뒷받침할 만한 언론 기사가 있습니다.

"팔아도 투자처 없어…… 월세 놓고 지켜보는 게 낫다"
다주택자들 움직임
"약발 떨어지면 또 오를 수도……
시장진입 여건 나빠진건 사실"

"경기도 나쁘지 않은 것 같고, 팔아봐야 투자할 데도 마땅치 않은데 전세나 월세 놓고 지켜보는 게 낫다 싶어요. '약발'떨어지면 또 오르지 않을까요?"

회사원 김모(33) 씨는 서울 용산구 이촌동에 거주하면서 '갭투자'(주택 매매 가격과 전세금 간의 차액이 적은 집을 전세를 끼고 매입하는 투자) 방식으로 서초구 방배동에 아파트를 마련해뒀다.

2주택자인 김 씨는 3일 "종합부동산세를 어마어마하게 부과하면 모를까 은행 금리도 낮은 마당에 전세 놓거나 월세 받는 게 낫다"며 "8·2 부동산 대책에도 불구, 매도할 생각이 없다"고 말했다.

정부가 조정대상지역 내 다주택자의 양도소득세(양도세) 가산세율(2주택자 10%포인트·3주택 이상 20%포인트) 적용 시점을 8개월 후인 내년 4월 1일로 잡고 다주택자들이 집을 팔 시간적 여유를 줬지만, 시장이 정부 예상대로 움직일지는 미지수다. '8·2 부동산 대책'발표 후 다주택자들이 내놓는 물량을 받겠다고 기다리는 매수자들이 눈에 띄는 가운데서도 목돈이 필요하지 않은 다주택자들은 관망세를 유지하겠다는 경우가 상당하기 때문이다.

다주택자인 경기 안양 거주 주부 이모(59) 씨도 비슷한 생각이다. 이 씨는 퇴직금 등을 모아 서울 서초구 방배동, 동작구 사당동, 용산구 이촌동에 각각 한 채씩 3채를 사 전세나 월세를 주고 있다. 그는 "부동산 시장 활력이 떨어지면 정부가 다시 규제를 완화할

이 기사 속 인터뷰 내용 중 회사원 김모 씨의 대답에서 그
실마리를 찾을 수 있을 것입니다.

"경기도 나쁘지 않은 것 같고, 팔아봐야 투자할 데도 마땅치 않은
데 전세나 월세 놓고 지켜보는 게 낫다 싶어요. '약발' 떨어지면 또
오르지 않을까요?"

키워드는 '팔아봐야 투자할 데도 마땅치 않은 데' 이 말 속
에 있습니다.

2. 강남 부동산을 바라보는 시각

두 번째는 처음 말씀드렸던 부분과 연결점이 있지만 조금
다른 관점인 '강남 부동산을 바라보는 시각'입니다. 물론 투기

수요는 반드시 규제해야 할 대상이라는 점에서 다주택자에게 세금이 더 부과되는 것은 저도 긍정적인 흐름으로 보고 있습니다. 그러나 '투기 세력을 잡으면 집값이 안정된다'는 관점의 시각은 매우 부적절해 보입니다.

전경련 발표자료 2015년 기준, 연봉 4천만 원 미만 근로자 비중이 74%인 우리나라 상황에서 30평대 아파트가 15억씩 하는 것이 과연 정상인가 하는 논란은 뒤로하고서라도, 강남은 실수요와 가수요가 모두 많다는 것이 지속적 상승의 핵심 원인입니다.

물론 일반적으로 가수요가 시세 상승을 부추기는 것은 맞지만 현대차 부지 이전과 영동대교 개발, 9호선 연장 등 각종 호재 등을 모두 차치하고서라도 어느 지역보다 좋은 교육 환경이 조성된 점, 많은 직장이 몰려 있어 직주(직장·주거) 접근성이 우수한 점, 다양한 생활 인프라가 잘 갖추어져 있는 점만으로도 강남에 살고 싶은 실수요층은 매우 두텁습니다.

실제로 한 설문조사에 따르면 강남권에 살지 않는 응답자 중 79%가 기회가 된다면 강남으로의 이주를 희망한다고 응답했다고 합니다. 오죽하면 강남 이데올로기를 분석한 '강남 따라 하기' 식의 책이 나올 정도일까요.

결국 강남 부동산의 시세 상승은 투기 세력만의 문제가 아니라는 것이며, 이는 투기 세력에 대한 강력한 대책이 곧 강남 부동산 안정화를 가져올 수는 없다는 것을 의미합니다.

3. 계속되는 수요 중심의 정책

2017년 새 정부 들어 강력한 대책이 많이 나왔으나 대부분이 수요 억제 중심의 정책입니다. 수요 중심의 정책은 결국 풍선효과를 벗어나지 못하거나 앞서 언급했던 '잠시 대기 중' 상태를 벗어날 수 없습니다.

수요 중심의 정책은 그 방향 자체가 미봉책이 될 수밖에 없습니다. 미봉책은 결국 누르면 누를수록 응축되어 더 큰 폭발력만 가지게 됩니다. 그러려면 공급 정책이 따라줘야 하는데, 정부가 말하는 '공급 물량 충분'은 움직일 수 없는, 그래서 이름 붙은 '부동(不動)산-움직이지 않음-'의 제1 특징을 간과한 발언으로 생각됩니다. 즉 공급된 물량이 아무리 많아도 선호도가 낮은 지역이라면 공급으로써의 의미가 없습니다.

강남 쪽에 몰린 실수요 흐름을 바꿀 수 있는 정책이나 대체할 만한 공급이 따라줘야 할 것입니다. 물론 말은 쉽지, 어려운 일이겠지요. 제가 말하고자 하는 것은 정부가 '잘한다·못

'한다'가 아니라 부동산 투자 현장에 있는 사람으로서 중장기적으로 부동산 시세 상승을 막기에는 어려워 보인다는 점을 얘기하는 것입니다. 단기적으로는 투자자들이 대부분 관망으로 돌아설 것이니 몇 개월 동안 거래 절벽까지는 아니더라도 상승세가 주춤할 것이지만, 2~3년 후에 '응축된 힘'으로 폭발한다면 어떻게 감당할 것인지 걱정이 됩니다.

풍선 효과에 대해서도 논란이 있는데요. 풍선 효과 예방을 위해 오피스텔까지 규제했다고는 하지만, 이는 풍선효과의 '대상'을 막은 것이지 '지역'을 막을 수는 없습니다. 대한민국 모든 지역을 규제할 수는 없으니까요.

그런데 재미있는 사실은 지금 같을 때가 더 투자할 때 아니냐며 문의하는 고객도 많습니다. 어차피 돈 넣을 곳도 없고 양도소득세라는 것이 내가 시세차익 본 것에서 좀 더 내는 것이니 더 내면 되는 것 아니냐, 오히려 더 많이 벌면 그만큼 더 많이 내는 것인데 더 많이 냈으면 좋겠다고 하는 분도 있습니다.

이 고객의 말처럼 규제가 많을 때 오히려 투자하는 것이 적기가 되기도 합니다.

4. 그렇다면 어디에 투자해야 하나?

'그렇다면 어떤 정책을 내놓아야 할까요?'에 대한 논의는 하고 싶지 않습니다. 저는 정치인이 아닙니다. 그리고 부동산 정책을 만드는 데 전혀 영향력이 없는 사람입니다. 만약 제가 정부의 부동산 대책에 대해 아쉬운 점을 많이 이야기했다고 해서 현 대통령이 저에게 찾아와 "그럼 네가 한번 해봐" 한다면 제가 더 좋은 정책들을 만들어낼 수 있을까요? 그렇게 생각하지 않습니다.

저보다 훨씬 똑똑하고 전문성이 높은 분들이 제가 접할 수도 없는 고급 정보를 가지고 저보다 더 깊이 고민했을 것입니다. 그 고민 끝에 현재 상황에서 가장 최선이라고 판단한 정책이 현 정부의 부동산 대책이 아닐까 싶습니다. (그것이 아니라고 해도 그렇게 생각할 수밖에 없습니다.) 결국 제가 부동산 투자 현장에 있는 현장 전문가로서 관심을 가지는 부분은 "그렇다면 어디에 투자해야 하는가?"입니다.

오래전 국회의 한 의원실에서 잠시 일한 적이 있습니다. 당시 그 국회의원이 정부의 규제에 대해 불평을 하는 저에게 해준 말이 있습니다.

"'규제'라는 것은 늘 동전의 양면과 같은 것이어서 반드시 '지원'을 동반하게 되어 있어."

부동산 정책도 마찬가지입니다. 특히 문재인 정부에서의 부동산 투자는 다양한 규제 정책에서는 벗어나 있으면서 지원 정책은 잘 활용하는 방향으로 투자를 하는 것이 지금 시점에서 가장 적절한 전략이 될 수 있습니다.

그것이 바로 소형 주택 투자입니다.

시간을 지배하는 자가 승리한다

1. 빨간 벽돌 빌라의 시간

사진은 주변에서 흔히 볼 수 있는 80~90년대 지은 '빨간 벽돌 빌라'입니다.

빨간 벽돌 빌라는 입지와 대지지분, 세대 수 등을 잘 살펴서 투자하면 훌륭한 투자처가 될 수 있습니다. 소액으로 투자할 수 있는 몇 안 되는 투자 방법이지요. 물론 신축처럼 3천만 ~ 4천만 수준의 소액은 아닙니다. 오래된 빌라는 땅의 가치로 시세가 정해지는

데 전세는 땅이 없어서 많이 받을 수가 없으니 좋은 위치일수록 묶이는 돈이 커지게 됩니다.

사진 속 빌라도 전용면적이 15평인데 대지지분은 11평이라 대지권 비율이 75% 가까이 되고, 지하철역까지 700m에 대로변 사거리에 있어 입지도 좋습니다. 게다가 2개 동인데 9세대 밖에 없어서 사업성도 우수합니다. 곧 재건축 시행이 가능한데 부지까지 여유가 있어서 대충 계산기를 두드려 봐도 수천만 원 정도는 수익이 그냥 생기는 투자처입니다.

그런데 문제는 시간입니다.

사업성이 높아 언젠가는 반드시 재건축되어 신축빌라가 들어서겠지만, 그 '언젠가'가 정확히 언제인지 알 수가 없습니다. 1년이 될지, 3년이 될지, 5년 이상이 될지 알 수가 없습니다. 그래서 어느 정도 여유를 가진 분들은 투자하고 나서 잊고 지내면 어느새 수천만 원의 수익이 생기는 것입니다.

그러나 투자금 여유가 없는 분들이 여기에 투자한다면, 대출을 받아야 하고 계속 이자를 내면서 언제 올지 모르는 날을 기다려야 합니다. 오래된 집이니 수리할 일이 생기기라도 하면 부담이 더 커지니 함부로 투자할 수가 없습니다.

그래서 시간을 지배할 수 있는 자가 결국 이 투자처의 주인이 될 수밖에 없는 구조입니다. 돈이 되는 것을 알아도 투자할 수가 없지요.

한강맨션은 이촌동에 한강이 바라보이는 훌륭한 입지에 23개 동이나 되는 대단지인데 5층밖에 없어서 660세대밖에 되지 않습니다. 투자에 '투'자도 모르는 사람이라도 사두면 언젠가는 큰돈이 된다는 것을 누구라도 알 수 있는 곳입니다. 32평형 집의 대지 지분이 28평 수준이니 엄청나지요.

그래프에서 나타난 예측은 사실 어느 정도 예정된 흐름입니다. 10년 전부터 언젠가는 이런 그래프가 나올 것을 예상할 수 있었습니다. 그런데 문제는 역시 '시간'입니다. 2015년에 미리 사려고

서울 용산구 이촌동 한강변에 위치한 한강맨션 입지

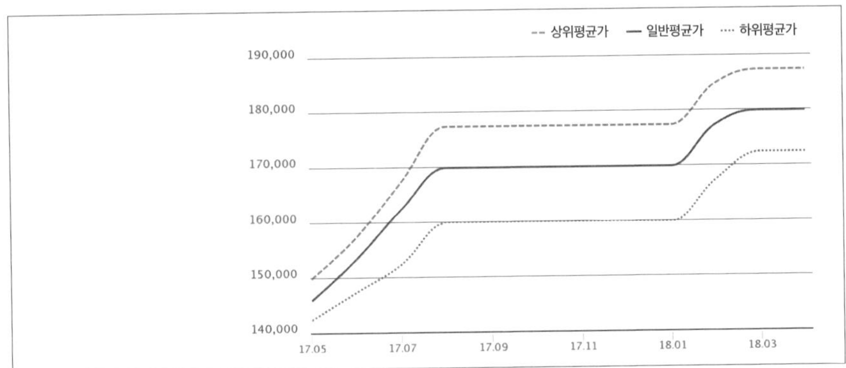

한강맨션 3년 간 시세추이(2017년 기준), 출처 = KB부동산 리브온

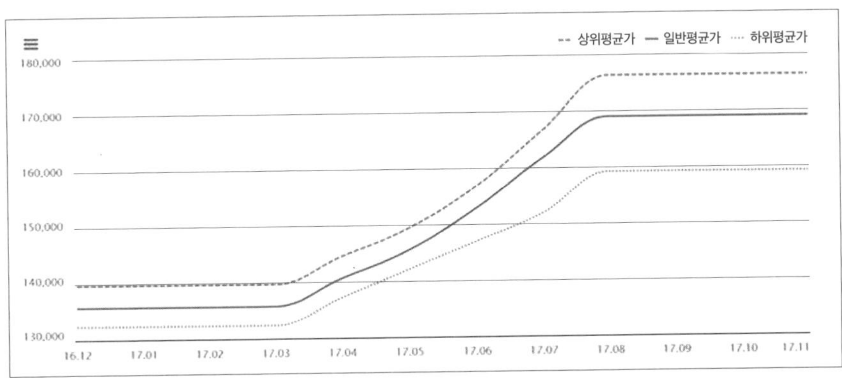

한강맨션 매매 시세 변동(2017년 기준), 출처 = KB부동산 리브

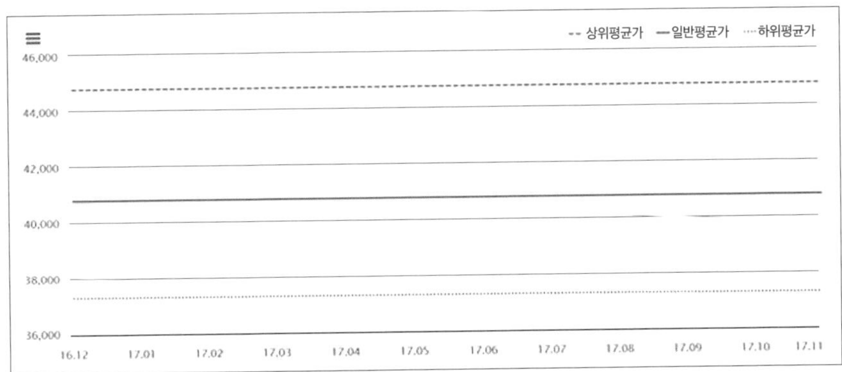

한강맨션 전세 시세 변동(2017년 기준), 출처 = KB부동산 리브

했다고 해도 시세가 12억입니다. 게다가 재건축 아파트일수록 건물 자체는 오래되었기 때문에 전세가율은 매우 떨어집니다. 그래서 묶이는 투자금이 더 늘어날 수밖에 없습니다.

한강맨션 전세 시세를 보면 1년간 전세는 4억 선에서 큰 변화가 없습니다. 낡은 아파트인데 전세는 투자의미가 없으니 오를 일이 없지요. 결국 여기에 투자했다면 8억 이상의 현금이 언제 될지 모르는 재건축을 기다리며 지금까지 묶여 있다는 뜻이 됩니다. 큰돈이 되는 것을 알아도 들어갈 수 있는 사람은 많지 않은 이유입니다. 현재는 2017년 12월 20일부로 서울시가 도시계획위원회 심의를 거쳐 한강맨션의 아파트 개발 계획 변경안을 수정 가결함에 따라 최고 35층의 고층 아파트 재건축이 진행될 것 같습니다.

2018년 4월 현재 교통영향평가 심의 접수가 완료되어 예정대로 진행된다면 2023년 5월께 입주가 될 것으로 보입니다.

제가 한강맨션을 언급한 것은 이 단지에 큰 의미가 있어서이기보다 '예시'에 불과합니다. 수많은 재건축 아파트들 역시 결국 시간을 지배할 수 있는 자가 승리하는 구조가 될 수밖에 없습니다. '언제' 될지가 가장 중요한 요소이니까요.

투자에서의 '시간'의 의미는 매우 매우 중요합니다. 돈이라는 것은 항상 미래 가치와 현재 가치에 차이가 있고, 그 사이에 발생하는 대출이자 등 금융비용을 감당할 수 있느냐가 매우 중요하기 때문입니다. 금융비용과 가치는 시간과 직접적으로 연동됩니다. 그래서 항상 '시간'을 염두에 두고 투자를 해야 합니다. 문제는 재정적 여유가 없을수록 시간이 가장 무서운 존재라는 점입니다.

3. 시간만큼은 유리한 직장인의 장점을 활용한 투자전략

앞 장에서 시간에 관해 이야기를 많이 했습니다.

'시간'은 부동산 투자에서 매우 중요한 점인데 직장인 대부분은 금액이 만족스럽지 않을지 몰라도 안정적으로 매월 들어오는 수익이 정해져 있어서 큰 장점이 될 수 있습니다. 즉 시세가 상승하는 동안, 그리고 예상되는 호재가 실현되는 동안 대출을 감당하며 기다릴 수 있는 '시간'을 견디기에 유리한 면이 있습니다. 대출을 어느 정도 감당할 수 있을지 예측이 쉬우므로 '레버리지 효과'(Leverage Effect, 타인으로부터 빌린 자본을 지렛대 삼아 자기자본이익률을 높이는 것을 말한다.)도 극대화할 수 있습니다.

또한 어느 정도의 규모가 있는 기업이라면 임직원을 위한 저금리의 대출 제도까지 갖추고 있어서 투자하겠다는 결정만 한다면 얼마든지 부동산 투자를 할 만한 기본적인 금액을 마련할 수 있습니다. 신용대출도 직장인에게 아주 유리합니다. 2017년 기준으로 담보 없이 2%대 금리로 6천만 원을 신용대출로 받은 직장인 고객도 직접 보았습니다.

　사실 이런 부분에 대해 언급할 때는 항상 조심스럽습니다. 마치 부동산 투자를 위해 대출을 부추기는 것처럼 보일 수 있기 때문입니다. 대출받아서 투자했다가 원하는 만큼 시세차익이 발생하지 않으면 망하는 것 아니야? 하는 생각이 들지도 모르겠습니다. 제가 말씀드리는 것은 1억씩 대출받자는 것이 아닙니다. 3천만 원 정도만으로 부동산 투자를 우선 시작하자는 것인데, 그 3천만 원도 없다면 대출을 활용하는 것도 좋겠다는 뜻입니다.

　이 책에서 지속적으로 강조하는 것은 부동산은 '현물'이라는 것입니다. 적어도 물가상승률만큼 상승한다는 것은 저 한 사람만의 주장, 또는 부동산 컨설턴트만의 주장이 아니라 경제의 기본 흐름입니다. 부동산은 주식과 다릅니다. 현물이라는 점을 늘 생각해야 합니다. 부동산이라고 해서 항상 원금 손실 없이 늘 수익만 난다고 주장할 생각은 없습니다. 물가가 지금까지 한 번도 떨어진 적은 없지만, 특정 시점에 금값이 급락하기도 합니다. 물론 시간이 지나면 곧 물가상승에 따라 회복하지만 모든 현물이 오르는 것은 아니지요. 그런 관점에서 보아야 합니다.

　대부분의 사람이 많은 관심을 갖고 있으며, 최근 2~3년 동안 '올랐다'는 사람들밖에 없을 것 같은 서울의 아파트도 개별적으로 살펴보면 오르지 않은 아파트들도 많습니다.

　다음에 나오는 아파트를 살펴보겠습니다.

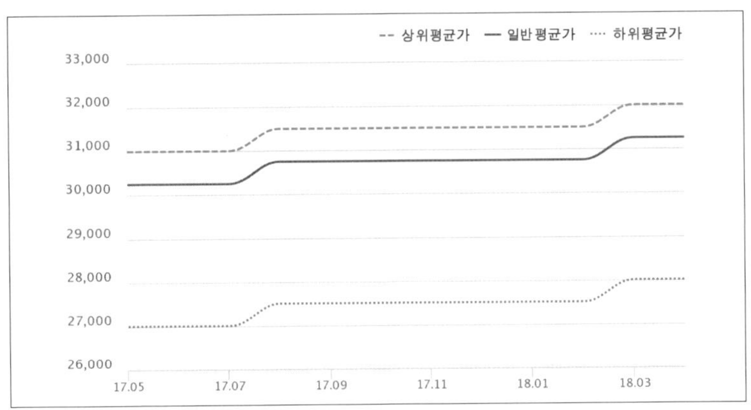

삼성타운아파트 5년 간 시세 변동(2017년 기준), 출처 = KB부동산 리브온

이 아파트는 5년간 너도나도 다 올랐다고 하는데도 거의 '보합
(保合, 시세가 변동하지 않거나 시세변동의 폭이 극히 미미한 상태를 말한다.)'
을 유지하고 있습니다. 이 아파트는 은평구 대조동의 삼성타운 아
파트입니다.

상대적으로 강남보다 비인기 투자지역이라 그렇다고요? 좋습니
다. 그러면 강남 지역의 아파트를 하나 보겠습니다.

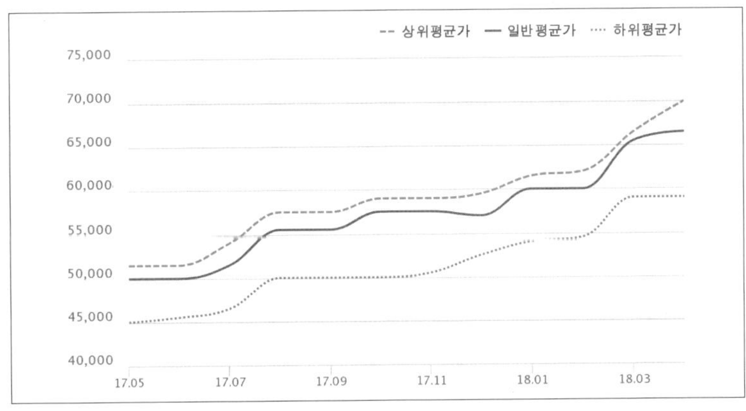

역삼아이파크 5년 간 시세 변동(2017년 기준), 출처 = KB부동산 리브온

이 아파트 역시 거의 오르지 않았습니다. 최근에 상승세를 보였지만 13년부터 17년까지 무려 4년간이나 보합세를 유지했습니다. 이 아파트는 역삼 아이파크입니다. 강남 한복판 역삼동에 있는 아파트입니다.

물론 그 외 많은 아파트들이 많이 올랐습니다. 그러나 이렇게 오르지 않은 아파트들도 많이 있다는 것도 사실입니다.

빌라도 많이 오른 곳이 있고 그렇지 않은 곳이 있겠지요.

보여드린 예시는 요즘 시대에 맞지 않는 대형 평형이라 그렇기도 하지만, 제가 이런 사례를 보여드린 이유는 잘 오르지 않더라도 다른 투자처와 다르게 확실히 안전하다는 점입니다.

직장인이 부족한 월급으로 대출까지 받아서 투자하는데 떨어지면 위험한 상황이 올 수도 있습니다. 그러나 부동산은 현물의 특성상 떨어지기 어렵습니다. 사실 떨어져서도 안 됩니다. 집값이 정말 떨어진다면 가계가 무너지고, 뒤이어 금융기관이 무너지며 자칫 정부가 무너질 수 있기 때문입니다.

(물론 서울 주요 지역 기준입니다. 양극화가 점차 심화하고 있으므로 일부 수도권과 지방권은 세부 지역별로 너무 달라 일반화할 수는 없습니다.)

그래서 1금융권의 저금리 대출을 활용해서 투자하는 것은 충분히 훌륭한 투자가 될 수 있습니다.

예를 들어 투자금이 하나도 없다고 해 봅시다. 3천만 원을 회사 복지를 통한 임직원 대출이나 1금융권 은행에서 빌렸을 때 개인

신용에 따라 다르겠지만 1년에 백만 원 전후의 이자를 내야 합니다. 이 3천만 원으로 소형 주택에 투자했다고 해 보겠습니다. 한 채에 내 투자금은 3천만 원이지만, 집값은 약 3억 전후가 될 것입니다. 그렇다면 3억짜리 집이 1년에 백만 원이 오르지 않는다면 실패한 투자가 되겠지요. 2년이면 2백만 원이 올라야 될 것입니다.

군이 물가상승률을 언급하지 않더라도 강남, 송파 지역의 3억짜리 주택이 2년 동안 2백만 원이 오르지 않을 수 있을까요?

여러 환경과 제도에 따라 일시적으로 수개월 동안 정체기가 있을 수는 있습니다. 그러나 강남 3구 지역의 역세권 소형 주택이 2년 동안 2백만 원도 오르지 않는다……, 가능할까요? 판단은 여러분의 자유입니다.

물론 얼마가 오르던, 그동안은 대출 이자를 계속 내야 하는 것은 부담입니다. 이런 점에서 직장인이 매우 좋습니다. 월급은 거의 정해져 있으니 감당할 수 있는 이자도 쉽게 계산이 되고, 오르는 동안 즐겁게 기다릴 수 있습니다. 그러다가 투자금이 점차 회수되면 하나씩 그 수를 늘려나가는 재미도 쏠쏠하겠지요.

주거와 투자를 분리한다

1. 소형의 시대, 종류보다 규모가 중요하다

앞 장에서 3인 이하 가구가 80% 가까이 된다고 통계 자료로 설명을 드렸습니다. 이것은 여러 가지 중요한 의미가 있습니다. 앞서 언급했던 대로 우선 인구가 줄어든다고 가구가 줄어드는 것이 아니기 때문에 부동산 수요 감소와 직접적으로 연결되지 않는다는 점이 중요하고요, 또 반드시 생각해야 할 부분은 수요의 증가는 소형에 집중되어 있으니 소형 중심의 투자가 바람직한 투자의 방향이라는 것입니다.

그래서 '아파트가 오른다', '아파트가 잘 팔린다' 하는 개념이 중요한 것이 아니라 '소형이 오른다', '소형이 잘 팔린다'는 개념으로 접근을 해야 합니다. 그것이 아파트인지 다세대주택인지, 도시형생활주택인지보다 규모가 훨씬 중요한 흐름이 됩니다. 아파트라 잘 팔리는 것이 아니라 소형이 잘 팔리고, 아파트라도 대형이라면 오르지 않는 것은 둘째 치고 일단 매수자를 찾기가 어렵습니다. 1~3인 가구가 80% 가까이 되는데 40평대 거주를 희망하는 수요층이 두터울 수가 있을까요?

"종류보다 규모가 중요하다!" 꼭 기억하시기 바랍니다.

그런데 이 내용이 〈주거와 투자를 분리한다〉 챕터에 담긴 이유가 무엇일까요?

예를 들어 네 식구인 가정이 있다고 해 봅시다. 방 3개가 있는 집에 살고 있다면 아이들에게 하나씩 방을 주고 나면 부부는 안방을 같이 써야 합니다. 그러면 서재나 옷장은 포기해야 하지요. 그런데 아이들이 자라날수록 방 4개가 필요하고, 차츰 '40평대가 살기 좋겠다' 하는 생각이 듭니다.

그런데 대형은 앞으로 오르기 힘들다는데 어찌해야 할까요? 대형 평수에 전세로 살고, 소형 평수 한두 개를 보유하면 됩니다. 이것이 바로 주거와 투자를 분리한다는 개념의 시작입니다.

2. 주거와 투자를 분리한다는 것의 의미

주거와 투자를 분리하라는 것에 대해 이어서 이야기해 보겠습니다. 특히 이번 장은 매우 중요한 개념입니다. 주거 분리에 대해서는 특히 할 이야기가 많습니다. 제가 많은 투자자와 상담을 하면서 가장 많이 부딪히는 부분이 바로 이 부분이기 때문입니다.

다음은 제가 자주 겪는 상담 레퍼토리입니다.

"○○ 지역에서 A 아파트를 매수하는 것이 좋을까요, B 아파트를 매수하는 것이 좋을까요? 어느 아파트가 더 투자 가치가 있을까요? 너무 고민이 되어 찾아왔습니다."

"예, 잘 오셨습니다. 그런데 많은 지역 중에 ○○ 지역을 정하신 특별한 이유가 있나요?"

"남편 직장이 그쪽으로 가게 되어 ○○ 지역에서 살아야 할 것 같아서요."

"○○ 지역은 제가 알기로 호재*가 ○○선 지하철뿐인데 이미 반영된 것으로 보이고, 제가 모르는 호재를 혹시 알고 있는 것이 있나요?"

"아니요, ○○ 지역으로 알아보다 보니 A 아파트와 B 아파트가 제일 괜찮다고 해서요."

---

* 호재 : 시세를 올리는 요인이 되는 조건이나 상황

특히 경기도권에 거주하고 계신 분들이 찾아오면 대부분 이런 식의 대화가 이어집니다. 그곳에 살 예정인데 집값도 올라주면 좋고……, 이런 접근이라고 할 수 있겠습니다.

이런 생각에서 빨리 벗어나야 합니다.

투자가 잘 되려면 '내'가 아니라, '많은 사람'이 살고 싶어 하고 '많은 사람'이 몰려드는 곳에 투자해야 합니다. 당연한 이야기이지요. 그래서 내가 살아야 하는 곳이 있거나 꼭 살고 싶은 곳이 있다면 그곳에는 전세로 살고, 투자는 시세 상승이 더욱 예상되는 곳에 해야 합니다.

이것이 주거와 투자를 분리하는 개념입니다. 앞서 '3대 바보'를 이야기하면서 전세 사는 사람에 대해 부정적으로 언급한 적이 있는데요. 모든 전세 세입자가 그런 것이 아니라고 했었습니다.

여기서 전세 입주라고 해도 '3대 바보'에 해당한다고 볼 수 없는 세 가지 유형에 대해 정리해 보겠습니다.

첫째, 투자보다 우선되는 가치가 있을 때입니다.

예를 들어 보겠습니다.

초등학교 자녀의 입학을 앞둔 한 부모가 있습니다. 자녀 교육을 위해 여러 초등학교를 알아보던 중 J 초등학교가 가장 마음에 들었습니다. J 초등학교는 '초품아(초등학교를 품은 아파트)'라서 E 아파트에 거주해야만 보낼 수 있습니다. 그런데 가진 돈을 계산해 보니 3억 정도밖에

되지 않습니다. E 아파트는 가장 작은 평형이라고 해도 약 12억 정도
가 시세이니 대출을 최대한 활용한다고 해도 도저히 무리입니다. 그런
데 전세는 7억 정도이니 4억을 대출받으면 입주가 가능합니다. 4억에
대한 이자는 월평균 수입을 생각할 때 감당할 만하다고 판단되어 전세
입주를 결정합니다.

이런 경우 전세 입주는 개인의 선택 문제로 볼 수 있겠습니다.
물론 투자 관점에서는 올바른 방향은 아니지만, 부모의 판단으로
'돈을 적게 벌어도 좋으니 자녀 교육에 더 신경 쓰고 싶다'라는
개인의 판단을 존중한다는 의미입니다.

둘째, 다른 곳에 투자하기 위해서 전세로 입주하는 것입니다.

주택을 매수하게 되면 대출 규제가 심해 투자금도 크고 원금
도 함께 갚아야 하므로 매월 부담이 크지만, 전세 입주를 선택하
면 80%까지도 대출을 받을 수 있고 이자만 갚으므로 매월 부담
도 적습니다. 그래서 전세로 입주를 하고 전세담보대출로 인해 줄
어든 투자금으로 다른 투자처에 투자하는 것입니다. 이는 훌륭한
투자 방식이 될 수 있습니다.

셋째, 주거와 투자를 분리하는 경우입니다.

내가 직장이나 다른 사정으로 인해, 특정 지역에서 꼭 살아야

하는 이유가 있는 경우입니다. 이때가 주거와 투자를 분리할 필요성이 가장 큰 경우입니다. 살아야 하는 지역에는 전세로 살고, 호재가 많은 지역에 투자하면 됩니다.

또한, 산 좋고 물 좋은 곳에 살고 싶은 분들도 그런 지역에는 전세로 살고, 사람들이 몰리는 지역에는 투자하면 됩니다. 자고로 '산 좋고, 물 좋은 곳'은 잘 오르지 않습니다.

투자자분들에게 이렇게 이야기하면 긍정적인 대답이 돌아오지 않는 경우가 대부분입니다. 집주인 눈치 보며 살기 싫다거나 돈이 없는 것도 아니고 왜 전세를 들어가야 한다거나 이유는 다양합니다.

물론 제가 늘 강조하지만 '그냥 싫음'이나 '주변의 시선'도 다 보이지 않는 비용입니다. 또 비용이 아니라고 해도 어쨌든 내가 싫으면 그만입니다.

다만 저는 투자 코치로서 투자 대비해서 가장 높은 수익이 나는 방법을 알려 드릴 뿐입니다. 저는 제가 살 집이 아닙니다. 그래서 가장 수익이 높은 방향으로 조언합니다.

여러분들이 판단하여 더 좋은 수익을 거둘 수 있는 방법을 포기하고 돈보다 훨씬 소중한 다른 가치를 선택하는 것은 언제나 지지합니다. 돈을 위해 소중한 가치를 포기해시는 안 되지요. 디만 그것을 알고 선택해야 한다는 것입니다. '이 가치가 더 중요하니 조금 덜 벌어도 좋으니 이것을 선택하겠어.' 하고 말이지요.

그저 '어차피 여기에 살아야 하니까 그나마 여기에서 투자 가치가 있는 곳이 어디일까?'를 생각하는 것보다 여기는 전세로 살면 되고, 투자할 곳은 인기 지역을 중심으로 더 넓게 살펴보는 것이 바람직하다는 것을 꼭 기억하시기 바랍니다.

3. 나의 눈이 아니라 대중의 눈으로 봐라

늘 내가 산 차가 제일 좋아 보이고, 내가 산 신발이 제일 좋아 보이는 것이 사람의 심리인 것 같습니다.

부동산 매도 상담을 하다 보면 부동산도 마찬가지라는 생각을 많이 합니다. 입지나 투자 가치가 떨어지는 물건을 보유하고 있다고 판단되어 매도를 권하면, 이 물건은 주변에 ○○가 들어오고, 구조도 좋고, 빛도 잘 들고 등등 좋은 점을 숨 쉴 틈도 없이 나열하며 좋지 않냐고 반문합니다.

중요한 것은 '나의 눈'이 아니라, '대중의 눈'입니다.

가격이라는 것은 정보의 비대칭성을 고려하더라도 결국 수요와 공급의 법칙에 따라 형성됩니다. 내가 아무리 좋아 보여도 주변 시세보다 떨어지는 물건은 다 그만한 이유가 있습니다. 우리나라 국민이 그렇게 판단을 하고 있다는 뜻입니다. 그 물건이 그렇게 좋다면 다른 사람 눈에도 좋아야 하고, 그렇다면 수요가 늘어날 것이고 그렇다면 더 시세가 올라야 합니다.

시세가 움직이지 않는다면 그것은 '나의 눈'일 뿐입니다. 내가 아무리 좋다고 해 봐야 대중들이 그렇게 봐 주지 않으면 의미가 없는 것이지요.

저렴한 곳은 저렴한 이유가 있고, 비싼 곳은 비싼 이유가 있습니다. 항상 숲을 먼저 볼 수 있도록, 대중의 눈으로 볼 수 있도록 해야 합니다. 이런 시야를 갖는 데 도움을 주는 방법을 하나 소개합니다.

우선 관심이 있는 동네의 시세를 보고 가장 높은 곳이 어디인지 파악합니다. 그곳은 왜 이 동네에서 가장 높은 시세를 형성하고 있는지 나름대로 분석을 해 보고 인터넷을 통해 다양한 정보도 찾아 봅니다.

'아, 이래서 비쌀 수밖에 없구나' 하고 이해가 되고, 더 나아가 '내가 이 동네로 이사 간다면 나도 돈만 있다면 여기 사겠는데' 정도가 되어야 합니다. 그 정도면 어느 정도 분석이 끝난 것입니다.

그러면 이제부터 그 주변의 아파트, 다세대주택들이 어떻게 시세가 떨어져 가는지 지도를 보면서 잘 살펴봅니다. 가장 높은 곳보다 어떤 점이 부족해서 낮게 형성된 것인지 분석해 봅니다. 이렇게 하다 보면 '대중의 눈'을 어느 정도 이해할 수 있습니다.

소형 주택 투자

1천만 원부터 시작하는
소액 부동산 투자 비법

왜 빌라투자인가?

1. 빌라에 대한 오해

이번 장에서는 본격적으로 실전 내용을 다루게 됩니다.

제가 네이버 지식인 부동산 분야에서 지속적으로 활동하면서 그리고 부동산 투자 현장에서 직접 일하면서 느낀 점은 '빌라'라는 영역은 정말 호불호가 크게 나뉜다는 것입니다. 빌라라면 쳐다보지도 않는 분들도 계시는 반면, 투자 관점에서는 아파트보다 더 선호하시는 분들도 있습니다.

그런데 여러 가지 오해가 있는 것 같습니다.

여기서 빌라가 들으면 억울해할 오해를 짚고 넘어가 보겠습니다. 우선 제가 빌라 투자 상담을 하면서 현장에서 가장 많이 듣는 이야기가 '빌라는 사면 떨어진다'라는 것입니다.

> '빌라'는 사실 건축법상 없는 용어인데요. 빌라는 원래 별장이나 저택의 의미에 가깝습니다. 그래서 한국에 온 외국인이 '빌라'에 산다는 친구 집을 따라갔다가 깜짝 놀라는 경우가 생기기도 합니다. 우리나라에서는 다세대주택, 도시형 생활주택, 연립주택 등을 통틀어 일상생활에서 '빌라'라고 합니다. 이 책에서도 그냥 별도로 구분하지 않고 보시기 편하게 '빌라'로 통칭합니다.

▶ 오해 1. 빌라는 사는 순간 떨어진다

꼭 투자자가 아니라도 실입주하여 거주하려는 분들도 현장 안내를 하다 보면 "주변에서 빌라 산다고 하면 다 말리는데 손해나는 짓 하는 거 아닐까요?" 하고 질문을 많이 합니다. 신혼부부의 경우에는 현장을 본 후에 계약하고 싶어서 계약금을 보내려다가 부모님의 '결사반대'에 부딪혀 무산되는 일도 종종 있습니다. 아니 사실 이런 일은 아주 흔하게 일어납니다.

과연 여러분들 주변 이야기처럼 빌라를 사면 떨어질까요?

그런 분들께 직접 빌라를 사서 떨어진 적 있느냐고 물어보면 구체적인 경험은 없고 예전부터 어르신들이 그러더라는 이야기가 대부분입니다. 혹은 입지가 좋지 않은 곳에 투자했다가 자금이 묶여서 고생한 친구의 이야기가 있을 수도 있겠네요. 사실 2002년 이전에는 그 말이 꼭 틀리지만은 않았습니다. 그러나 2002년부터는 건축법이 점차 강화되어 주차 관련법 강화, 동간 이격 간격 확대, 필로티 구조 도입, 발코니 확장 합법화 등 최근의 신축빌라는 이미 아파트 이상으로 구조도 잘 나오고, 자재도 고급으로 잘 지어지고 있습니다.

제가 전문적으로 소개하는 강남, 송파, 서초, 강동 지역의 신축빌라들만 보아도 입지가 매우 좋지 않거나 불법 세대를 제외하고는 몇 개월이면 모두 완판이 됩니다.

특히 2018년 봄에는 수개월 조정기를 거칠 것이라는 언론 보도가 많이 있었는데도 강남 3구 신축은 준공이 떨어지기도 전에 80% 이상 분양이 완료되고 있습니다. 실제로 역세권이라고 하기에는 다소 부담스러운 역삼역에서 1km 거리의 현장과 문정역에서 800m 정도 거리인 현장도 현재 다 짓기 전에 70% 이상 마감된 상황입니다. 이렇게 늘 이야기해도 믿지 않는 사람은 믿지 않지만, 현실이 그렇습니다.

사실 저도 처음에는 이렇게 빨리 분양이 된다고 생각을 못 하여 그냥 메모만 해 두고 나중에 바쁘지 않을 때 천천히 확인해야지 하다가 한두 달 후 방문한 고객님께서 문의하셔서 그때 알아보면 이미 분양이 끝난 경우가 많아지는 것을 경험하면서 빌라투자에 대한 인기를 체감하게 되었습니다. 실제로 2016년에 분양했던 송파의 투룸 분양가가 저렴한 것은 2억 6천~7천 정도였는데, 2017년 분양하고 있는 투룸 분양가는 거의 2억 후반대에서 시작되고, 2018년 들어서는 3억을 넘어선 곳도 쉽게 볼 수 있습니다.

지금도 계속 오르는 추세에 있습니다.

물론 모든 지역이 그런 것은 아닙니다. 사실 떨어지는 지역도 없지 않습니다. 부동산 가격이라는 것은 실수요만 가지고는 상승 여력이 부족한 편이고 실수요에 가수요(투자수요)가 추가로 있어야 상승할 동력을 얻게 되는데 주변 호재로 인해 입주 인원까지 늘어나면 전세가가 오르게 되고, 전세가가 매매가를 밀어 올리면서 가수요까지 붙어 오를 수밖에 없는 구조가 됩니다.

그래서 특히 강남, 송파와 그 인근 지역의 빌라를 중심으로 보면 시세차익까지 기대해 볼 수 있는 좋은 주거공간이자 투자처가 되어 '빌라는 사면 오른다'라고 얘기할 수 있는 것입니다.

"서울 연립·다세대 전세가격 4년 사이 50% 상승"

서울 지역 연립주택과 다세대주택의 전세가격이 4년 사이 50% 넘게 오른 것으로 나타났습니다. 연립 다세대 시세정보 서비스 로빅이 서울지역 53만 가구의 실거래가를 조사한 결과 지난해 서울 전세가격은 ㎡당 385만 원을 기록했습니다.

이는 지난 2012년 ㎡당 245만 원이던 전세가격 대비 57% 상승한 수준입니다. 같은 기간 매매가격은 약 17% 상승했습니다.

- 〈매일경제TV〉 2017년 2월 7일자 뉴스

지난 2017년 2월, 〈매일경제TV〉의 뉴스 기사입니다. 서울의 다세대주택 전세가격이 4년 동안 50%가 올랐고, 매매가격은 17% 상승했습니다. 이 보도는 서울 지역 평균가입니다. 강남권 다세대주택이 평균보다 높을지 낮을지는 설명해 드리지 않아도 되겠지요?

어서 빨리 20년 전에나 통하던 '빌라는 사면 떨어진다'라는 생각에서 벗어나시기 바랍니다.

▶ 오해 2. 신축빌라는 건축주와 분양사 등의 프리미엄이 포함되어 있어 시세보다 거품이 많다

보통 빌라 중에서도 신축빌라에 특히 부정적인 분들의 이야기를 들어 보면 건축주 프리미엄, 분양팀 수수료 등 들어가는 돈이 많아서 사자마자 수천만 원이 떨어진다고 주장합니다. 건축주도 자선사업을 하는 것이 아니니 집을 분양해서 돈을 버는 것은 사실이지만, 서울 중심의 경우 빈 땅이 거의 없어서 노후된 기존의 집을 부수고 다시 짓게 됩니다.

예를 들어 그 땅에 현재 4세대가 있는데, 새로 지을 때는 10세대가 되니 건축비를 빼고도 남는 장사가 되는 것입니다. 그래서 굳이 분양가를 뻥튀기해서 시세보다 몇천만 원 높게 분양가를 책정할 필요도 없고, 그렇게 책정한다고 해도 요즘처럼 정보가 많은 시대에 매수자들이 주변 시세보다 몇천만 원이나 높은 집을 오로지 신축이라는 이유로 묻지마 투자를 하지는 않습니다.

시세라는 것은 사실 건축주가 정하는 것이 아니라 시장이 정하는 것입니다. 시세가 3억인데 내가 3억 3천으로 분양가를 책정한다고 분양이 척척 되는 것은 아니니까요. 그리고 건축주 입장에서도 돈을 쌓아놓고 건축을 하는 것이 아니라 대부분 대출을 활용해서 집을 지으므로 분양가를 높이는 것보다 빨리 파는 것이 더 유리합니다. 대출이자 등 엄청난 금융비용을 감당해야 하는데, 분양가 1~2천만 원 더 받으려다 분양이 한두 달만 지연되면 결국 그 돈이 그 돈이기 때문입니다.

또 매수자가 사기나 강박에 의한 것이 아니며 3억 3천으로 높게 분양가를 책정했는데도 분양이 다 완료되었다면, 그만한 가치를 판단하고 산 것이니 그것 또한 이미 시장 가격입니다.

분양가를 정말 터무니없게 해 두었다면 계속 미분양이 되어야 정상이지요. 매수자가 자유 의지로 분양을 받아 몇 개월 만에 다 완판이 되고 있는데 굳이 다른 말이 필요할까요?

"그 사람들 다 속아서 산 거야"라고 치부하기에는 투자하는 사람들이 너무나 똑똑한 세상에 살고 있는 것 같습니다.

저는 현장을 다니면서 분양하는 분양사가 직접 분양을 받거나 주변 공인중개사가 분양받는 경우도 자주 보았습니다. 스스로 수많은 현장을 본 전문가들인데 그들의 눈으로 보기에도 좋으니 사는 것이지요. 저 또한 마찬가지고요.

주변 시세보다 높다고 판단된다면 그만큼 구조가 좋거나 입지가 좋거나 다 이유가 있다고 보는 것이 맞습니다. 가끔 드물기는 하지만 어떤 욕심쟁이 건축주가 실제 가치보다 더 프리미엄 거품을 붙여 분양하는 경우가 있기는 합니다. 저도 가끔 이런 현장을 보곤 하는데 그럴 때 저는 그냥 '허허~' 웃어주고 기다립니다. 대부분 이런 현장은 한 달 정도, 길어야 두 달 정도 분양이 거의 안 되는 사태를 겪고 나면 백기를 들고 분양가를 하향 조정하게 됩니다.

결국 분양가는 건축주가 정하는 것이 아니라 시장이 결정하게 되는 것이기 때문입니다. 물론 이 모든 설명은 강남 3구 지역을 중심으로 한 내용입니다. 입지가 좋지 않거나 비인기 지역의 신축 빌라들은 '투자' 관점에서는 분양을 권하기 힘든 것이 사실입니다. 이 부분은 참고하시기 바랍니다.

▶ 오해 3. 빌라는 팔기 어렵다?

현장에서 많이 듣는 이야기로 '빌라는 나중에 팔기 어렵다'라는 것입니다.

서울부동산정보광장에 따르면 빌라거래량은 2016년 대비 지속적으로 늘어나고 있으며 반대로 아파트 거래량은 점차 줄어들고 있는 추세입니다.

실제 빅데이터를 통해 분석한 자료를 보겠습니다.

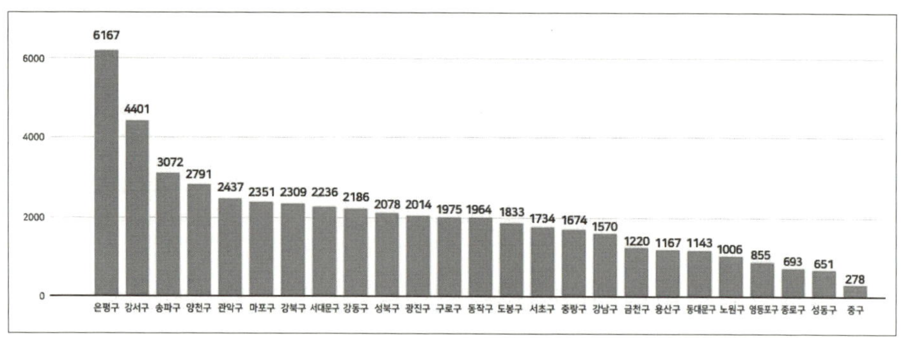

2016년 서울 빌라(연립/다세대) 매매거래량(건), 출처 = 로빅

"서울 연립·다세대 자치구별 매매거래량(건)"

가장 높은 회전율을 보인 은평구는 거래량에서도 가장 높은 수치를 기록했다. 2016년 한 해동안 6,167건의 거래량을 기록했으며, 강서구가 4,401건, 송파구가 3,072건, 양천구가 2,792건, 관악구가 2,437건으로 뒤를 이었다. 회전율이 가장 낮았던 중구는 거래량도 278건으로 가장 낮았다.

이러한 현상에 대해 로빅을 운영 중인 케이앤컴퍼니의 구름대표는 "연립/다세대는 아파트에 비해 환금성이 떨어진다는 생각들을 많이 하는데, 금액이 낮기 때문에 오히려 수요 층이 넓다"며 "앞으로 빅데이터를 통해 연립/다세대 시장에 대한 잘못된 선입견을 계속적으로 줄여나갈 것"이라고 분석했다.

- 서울 연립/다세대 자치구별 매매거래량(건), 출처 = 로빅

90년대 전형적인 빨간 벽돌
빌라의 주차공간 모습
총10세대 중 주차공간은 3~4대
정도다. ⓒ티움부동산연구소

이처럼 신축빌라의 거래가 활발해 지고 있어서 내부 구조가 좋고 학교 등 외부 환경이 우수한 지역은 수요층이 두텁습니다. 게다가 강남, 송파와 그 인근 지역은 투자수요까지 있어서 거래가 더 활발한 편입니다. 이제 빌라는 안 팔린다는 말은 옛말이 되어 가고 있습니다.

아울러 인식 개선에 따라 전세 세입자가 살고 있는 집을 매수하는 경우도 늘어나고 있습니다. 살아 보니 집이 괜찮고, 주변 환경도 좋고, 아이들 학교도 가깝고 등등 여러 가지 이유로 마음에 들어서 임대인이 마음이 없는데도 매도를 부추겨 매수하는 경우도 종종 보았습니다.

▶ 오해4. 주차 공간이 부족하다

다음으로 많이 듣는 이야기는 '주차 공간이 부족해서 불편하다'는 것입니다.

이 말도 역시 2002년 이전에는 맞는 이야기입니다. 이때만 해도 건축법상 2가구당 1대의 주차장이 있으면 허가가 나왔기 때문에 늘 주차 공간이 부족했지요. 지금도 구옥은 여전히 주차장 문제가 심각한 것이 사실입니다.

그러나 이제는 필로티구조 활성화와 건축법 개정으로 면적에 따라 주차 공간이 충분히 마련되어야만 건축허가가 가능합니다. 실제로 최근 신축빌라들은 대부분 주차가 80% 정도까지 설계가 되고 있습니다. 법적으로 더 적게 가능하다고 해도 주차 공간이 미흡하면 분양이 잘 안 되어 고생하기 때문에 건축주도 여유 있게 하려고 노력을 많이 합니다.

물론 인기 지역일수록 주차가 다소 부족한 것은 사실입니다. 건축주로서는 주차 공간을 최소로 하고 주거 공간을 넓게 하는 것이 가장 사업성이 좋기 때문입니다. 그러나 대부분은 입주 예정자의 지역적 특성을 충분히 고려하여 무리가 없는 선에서 조정이 되고 있습니다.

주차 공간을 최소화하는 것이 사업성은 좋겠지만, 일단 집이 팔려야 사업성도 생기는 것이니 수요자의 요구에 맞추어 설계할 수밖에 없습니다. 그 조정선에서 결정이 된다고 보면 되겠습니다. 실제로 강남 3구 중심으로는 주차가 100% 되는 곳은 거의 보기

2018년 완공 신축빌라 현장.
100% 이상의 주차공간을 확보하고 있다. ©티움부동산연구소

힘듭니다. 거의 모든 현장이 80% 전후입니다. 80% 정도면 투룸 세대는 차가 없는 경우도 많고 공식 주차공간이 아니라도 동 간 사이, 기둥 옆 등 실제로 주차가 가능한 공간들이 있어서 주차 분쟁이 생기는 경우는 거의 보지 못했습니다.

그리고 80%라는 것은 흰색 주차라인이 있는 대수를 의미하는 것이고, 공개된 지면에서 언급하기는 어렵지만, 일반적으로 준공 후에는 추가 공간과 별도 공간이 너 생기니 큰 긱징은 안 하셔도 될 것입니다.

　　결론은 '빌라는 사면 떨어진다', '빌라는 팔기 어렵다', '주차공
간이 부족하다'라는 이야기는 20년 전으로, 지금은 많이 개선되
었으며 좋은 입지의 빌라는 훌륭한 투자처가 될 수 있다고 정리
할 수 있겠습니다.

빌라의 환금성에 대하여

이제는 빌라도 생각보다 잘 팔리는 시대가 되었습니다. 그러나 '아파트보다 잘 팔리나요?'라고 물으면 대답은 당연히 'NO'입니다. 아파트가 빌라보다 잘 팔린다는 것은 누구나 아는 사실입니다. '빌라도 잘 팔립니다.' 정도는 가능해도 '빌라가 아파트보다 잘 팔립니다.'라고 한다면 분명 거짓말이겠지요.

그런데 여기서 가장 중요한 점을 간과하고 있습니다. 시중 서점에 나와 있는 대부분의 부동산 투자 서적을 보면 절반 이상은 빌라 투자에 대해 부정적인 것 같습니다. 그리고 그 이유로 대부분 '환금성(換金性, 물건을 팔아서 돈으로 바꿀 수 있는 성질)'을 꼽습니다.

어느 부동산 투자 책의 구절을 인용해 보겠습니다.

"투자는 뭐니 뭐니 해도 환금성이 중요하다. 빌라 수백 채를 가지고 있으면 뭘 하겠는가?"

"팔고 싶을 때 팔 수가 없고 돈이 필요할 때 돈으로 바꾸지 못한다면 올바른 투자라고 할 수 있겠는가?"

언뜻 들으면 '아 정말 그렇지' 하고 생각할지도 모르겠습니다. 그런데 가장 중요한 점을 놓치고 있습니다. 앞서 빌라 거래량도 크게 늘고 있다고 통계 자료로 설명을 했지만, 그래도 백 보 양보하여 내가 투자한 빌라가 팔리지 않는다고 가정해 봅시다. ('팔리지 않는 빌라를 파는 비법'은 다음 장에서 설명해 드립니다.)

일단 최악의 경우를 생각해 보겠습니다.

"팔리지 않아서 환금성이 떨어진다."

다시 한번 이 문장을 잘 생각해 보세요. 환금성이 떨어지면 가장 무서운 것이 무엇일까요? '돈이 묶인다'라는 것입니다. 그런데 말입니다. 그 묶이는 돈이 얼마입니까? 3천만 원 내외입니다. 3천만 원이 묶인다고 환금성이 떨어진다고 이야기하는 것도 저는 부적절해 보입니다만, 이마저도 '즉시' 되팔 때의 이야기입니다. 아무리 소액이지만 오늘 빌라 사서 내일 팔지는

않을 것이고, 주택임대사업자 기준으로 한다면 어차피 5년간
은 팔지 못하는데 이는 아파트나 빌라나 똑같습니다.

그러면 아래 사례를 보겠습니다.
보수적으로 보고자 시세 상승은 물가상승률 정도로만 계
산하고 좋지 않은 입지에 투자해서 팔리지 않고 있는 상황으
로 가정했습니다.

나빌라 대리는 월급으로 모은 돈 2천만 원에 신용대출 1천만 원을
받아서 총 3천만 원을 만들어 2014년 3월, 송파구의 티움빌 301
호를 분양받았습니다. 분양가는 2억 8천만 원, 전세는 2억 5천만
원에 계약이 되었습니다. 좋은 입지가 아니라 2년 전세계약이 끝나
고 2016년 3월, 전세 시세가 물가상승률 정도밖에 오르지 못해서
재계약 시점에 2억 6천 5백만 원이 되었습니다. 그래도 이제 나빌
라 대리의 투자금은 1천 5백만 원이 되었읍니다. 그리고 2018년
3월 재계약 시점에 전세가가 2억 8천만 원이 되어 나빌라 대리의
투자금은 0원이 되었습니다. 주택임대사업자 의무임대 기간도 끝
나서 이제 팔고 싶습니다. 그러나 입지가 좋지 않아 현재 시세보다
저렴하게 내놓았는데도 팔리지 않고 있습니다.

자, 내가 산 빌라가 팔리지를 않으니 돈이 필요할 때 바꾸지 못하게 되었습니다. 그런데 지금 나빌라 대리의 상황에서 무엇이 문제가 되나요?

'환금성'이 떨어져 문제가 되는 것이 무엇인가요? 내가 투자한 3천만 원은 이미 회수가 되어 투자금이 0원입니다. 이 티움빌 301호가 팔린다면 수천만 원의 이익을 얻을 수 있고, 설령 팔리지 않는다고 해도 '묶인 돈'이 하나도 없는 상황입니다.

다시 말하여 팔면 플러스, 안 팔리면 0인데 이것을 환금성이 떨어지니 투자하면 안 된다고 말할 수 있을까요?

최악의 경우 팔리지 않아도 투자금이 0원인 '무피투자(無fee, 자기자본 없이 하는 투자)'라 계속 가지고 있는 데 아무런 부담이 없습니다. 시간이 더 지나면 전세가는 더 올라서 팔리지 않아도 이미 수익이 나고 있는 투자처가 되고, 여유가 된다면 재계약 할 때마다 반전세로 전환하며 조금씩 월세를 늘려간다면 '안 팔리는' 상황이 오더라도 매월 투자금 없이 월세를 받고 있는데 안 팔리는 것이 뭐가 문제가 될까요?

그런데 이 시점에서 '아파트 전세가 오르지 빌라 전세가 오를까요?'라고 생각할까 봐 자료로 보여드립니다.

서울 연립 다세대 평균 전세가 추이
- 서울 지역 72만 가구 중 53만 가구의 실거래가 조사

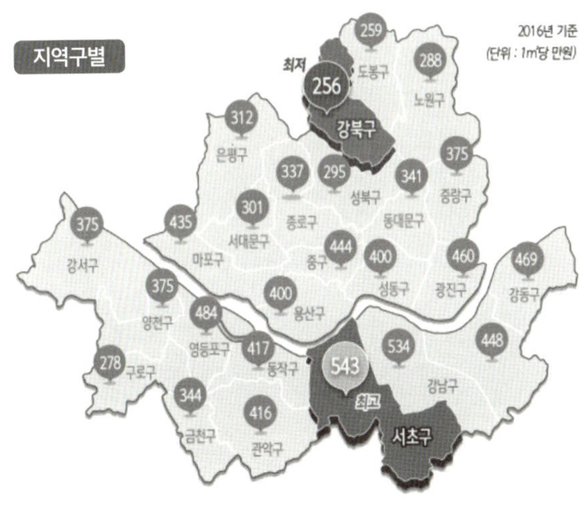

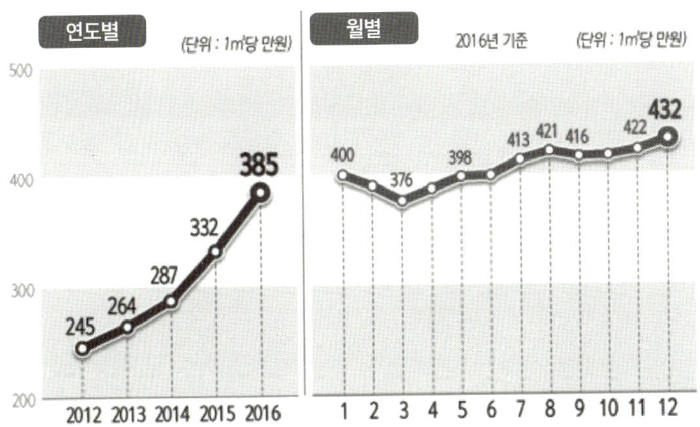

자료 = 로빅, 출처 = 뉴시스

이 기사의 제목은 [서울 연립·다세대 전셋값 4년 만에 50% 상승]입니다. 서울 지역의 72만 가구 중 53만 가구의 실거래가를 조사한 결과입니다. 서울 빌라 전세가격이 2012년부터 4년 동안 50% 넘게 오른 것으로 조사되었습니다. 매매 가격도 약 17% 올랐습니다. 2017년에는 더 올랐지요.

결론을 내 보겠습니다.

"빌라 거래량은 계속 증가하고 있어서 좋은 지역의 빌라는 예전과 달리 잘 팔린다. 그러나 팔리지 않아도 크게 상관없다."

이렇게 정리가 됩니다.

2. 다른 투자와 빌라 투자와의 비교

시중에는 수많은 투자 지침서들이 나오고 있지만, 사실 소액 투자자들이 가진 현실적인 고민을 담지는 못하는 것 같습니다. 대부분 최소 1~2억 정도의 투자금이 있어야 가능한 이야기들뿐이며 '돈 없이도 투자할 수 있다'라는 종류의 책들은 대부분 경매 책들입니다. 그런데 경매도 이제 소액으로 투자하기에는 쉽지 않은 시장이 되었습니다.

결국 소액으로 할 수 있는 가장 좋은 투자 방법이자 거의 유일한 투자 방법은 '빌라 투자'입니다. 그런데, 주변에 빌라에 투자해볼까 한다고 한번 이야기해보세요. 주변 사람들이 뭐라고 할까요? 아마 열이면 아홉은 빌라는 투자하면 안 된다고 반대할 것입니다. 심지어 '빌라는 사는 거 아니다'고 까지 말할지도 모릅니다.

그런데 재미있는 것은 수많은 빌라가 지어지고 있는데 좋은 입지의 빌라들은 거의 2~3개월 만에 완판이 되고 있다는 것입니다.

다들 투자하지 말라고 하는데 누가 그렇게 사는 걸까요? 모두 바보라서 사는 것일까요? 최근 강남, 송파, 강동 지역 빌라들은 대부분 다 짓기도 전은 물론, 거의 시멘트 수준에서 50% 넘게 분양이 되기도 합니다.

그렇다면 이 많은 투자자는 왜 빌라에 투자할까요? 여러분들이 알고 있는 다른 부동산 분야와 빌라 투자를 비교해 보겠습니다.

1) 아파트 투자에 대하여

우선 부동산 투자하면 가장 먼저 떠오르는 것은 아파트일 것입니다. 특히 우리나라는 아파트에 대한 믿음이 강한 것 같습니다. 실제로 주변에서 아파트 투자로 성공한 사람들도 쉽게 볼 수 있습니다. 서점에 가 보면 관련 책도 많습니다. 아파트 투자로 수백 채를 가지고 있다는 성공담이 차고 넘치는 세상입니다.

그러나 2017년 새 정부 들어 발표된 '부동산 8.2 대책'과 후속 규제, 그리고 가계부채종합대책 등으로 앞으로 '투자' 측면에서의 아파트 투자 전망이 적어도 단기적으로는 그리 밝지 않습니다. 그러한 데다가 전망이 밝다고 해도 투자할 만한 아파트들은 매매가와 전세가의 갭 차이가 2억~3억 정도는 기본입니다.

최근 2~3천만 원으로 전세가율이 높은 아파트 투자를 전문으로 한다는 컨설턴트들이 많이 있습니다. 그러나 지금까지는 훌륭한 방법이 될 수 있었겠지만, 요즘과 같은 규제 시기에는 적절하지 않은 것 같습니다. 그리고 늘 시장가는 수요와 공급의 법칙에 기본적으로 영향을 받습니다. 아파트라는 상품은 정보가 많이 노출되기 때문에 갭이 적다면 다 그 이유가 있는 것입니다. 그만큼 시세 상승이 기대되지 않는다는 뜻이지요. 시세 상승이 기대되면서 전세가율이 높다면 세입자가 조금만 더 대출을 받으면 매수가 가능한데 왜 계속 전세를 살고 있을까요? 투자의 측면에서, 아파트는 이제 '오를 것 같지 않은' 아파트만이 소액 투자가 가능한 시장이 되었다는 것을 의미합니다.

그렇다면 빌라는 어떤가요? 빌라 역시 이 부분에서는 마찬가지입니다. 그러나 빌라 자체가 덩치가 크지 않으므로 '소액'으로 가능하다는 점이 다릅니다. 아파트와 마찬가지로 빌라 역시 시세 상승이 예상되지 않는다면 매수 수요가 거의 없어 갭 차이가 줄어들게 됩니다. 반대로 시세 상승이 예상된다면 아파트만큼은 아니지만, 전세가율이 떨어지게 됩니다.

실제로 강북 지역을 봤을 때 지하철역에서 조금만 멀어지면 매매가와 전세가의 차이가 5백만 원이기도 하고, 0원이기도 하며, 심지어 마이너스인 물건도 실제로 있습니다. 돈을 주고 사는 것이 아니라 돈을 받고 사는 이상한 형태까지도 가능한 것이 빌라입니다. 물론 이런 빌라는 투자해서는 안 됩니다. 이렇게 '투자해서는 안 되는' 이유는 시세 상승이 기대되지 않으니 투자 가치가 없다는 뜻입니다. 이런 빌라들을 잘 모르고 투자하여 손해를 보고 고생한 사람들이 많다 보니 주변에서 '빌라 투자하면 안 된다'는 것이 정설처럼 떠도는 것입니다.

반면 입지도 좋고, 시세 상승이 기대되면, 전세 세입자가 조금 더 비용을 주고 매수하겠디는 수요가 일어납니다. 여기에 투기 수요도 유입됩니다. 그래서 매매가와 전세가의 갭을 만들어내게 됩니다. 다만 빌라가 아파트와 다른 점은 덩치가 작으므로 그 갭이 벌어지기에 한계가 생긴다는 점입니다.

이 점이 가장 중요한 점입니다. 똑같이 3천만 원 갭인데, 그렇다면 아파트가 당연히 낫지 않느냐? 이렇게 생각한다면 완전히 다른 방향으로 이해하고 있는 것입니다. 아파트 갭이 3천만 원이라면 시세 상승이 기대되지 않아서 매수세가 없는 것이고, 빌라 갭이 3천만 원이라면 시세 상승이 기대되기 때문에 매수세와 투자 수요가 갭을 벌려 놓은 것이기 때문입니다. 이것이 핵심입니다.

그래서 강북의 비인기 지역에 위치한 빌라의 갭은 5백~1천만 원 선도 흔히 볼 수 있습니다. 만약 강북 지역에 있는데 지하철역에서 가깝지도 않고, 특별히 호재도 없는 지역인데 갭 차이가 3천만 원 이상 벌어져 있다면 그것은 거품으로 보아도 됩니다.

(강북 지역이라고 무조건 나쁘다는 것은 아닙니다. 이 부분은 뒷장에서 추가로 자세히 설명하겠습니다.)

그에 비교해 상대적으로 인기 지역인 광진구, 강동구 지역은 2~3천만 원이고 강남권으로 넘어와 송파구 지역은 3~5천만 원, 강남구와 서초구 지역은 5~7천만 원 전후의 갭이 기본으로 형성되고 있습니다. 물론 개별성이 강해 현장마다 큰 편차를 보이기는 하지만 일반적인 현상이 그렇다는 것입니다. 이렇게 시세가 형성되는 흐름이 이해가 되나요?

아파트와 빌라는 이런 관점에서 바라보아야 합니다. 무조건 빌라 투자가 좋다가 아니라, 여유 자금이 많다면 아파트 투자도 잘 활용할 수 있겠지만, 소액 투자라면 빌라 투자가 가장 좋은 방법임을 강조하는 것입니다.

2) 오피스텔 투자에 대하여

오피스텔은 대표적인 수익형 투자처입니다. 예전부터 오피스텔은 매수 후 가격이 좀처럼 잘 오르지 않습니다. 투자자들도 시세 상승을 기대하기보다 수익률을 중심으로 투자를 합니다. 오피스텔 투자는 나쁘다고 볼 수는 없으나, 시세 상승을 기대하지 않고 투자하기에는 다소 한계가 있다고 생각됩니다. 그리고, 투자 시점에 주택보다 4배나 많은 세금을 내야 하는 것도 유쾌한 일은 아니지요.

같은 3억짜리라고 해도 오피스텔이라면 취득 시에 약 1천 4백

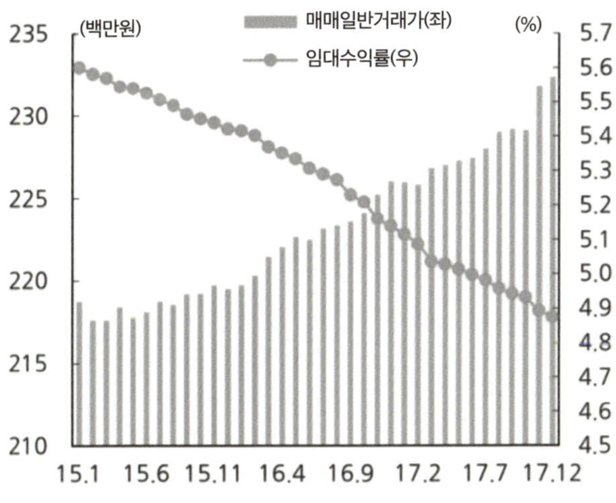

떨어지는 오피스텔 임대 수익률, 자료＝부동산 114

만 원을 세금으로 내야 하지만, 신축 빌라에 투자하면서 임대사업 등록을 하고 취득하면 세금이 20~30만 원 수준이니 비교 자체가 안되는 것 같습니다.

오피스텔을 사고 나서 1천만 원 이상 올라도 빌라가 하나도 오르지 않은 것보다도 못하니까요. 그래서 현재 시점에서는 추천해 드리기가 어려운 것이 사실입니다. 게다가 수익률도 지속적으로 하락하고 있기도 하고요.

그런데도 오피스텔 투자를 하겠다고 결정을 하더라도, 소액 투자자가 오피스텔을 매수하기 위해서는 아무리 대출을 많이 받더라도 투자금이 부족해서 월세 투자는 어렵습니다. 결국 전세로 우선 투자를 해야 하는데 오피스텔을 매수하여 전세를 주겠다는 것은 다소 어울리지 않는 조합입니다. '전세'를 끼고 매수를 하는 것 자체가 이미 '차익형' 투자를 하겠다는 것인데 오피스텔은 시세 상승은 기대하기 힘든 대표적인 '수익형' 투자처이니 적절하지 않은 접근이 되겠습니다.

이에 비교해 빌라는 소액으로 투자할 수 있고, 전세와 월세 어떤 것이든 향후 재정 상황에 따라 선택적으로 활용할 수 있으며 매수 시에 세금도 거의 내지 않습니다. 게다가 주택이라 시세 차익까지 볼 수 있으니 수익형과 차익형의 장점만을 활용할 수 있는 매력적인 투자처가 되는 것입니다.

3) 토지 투자에 대하여

토지 투자의 가장 큰 매력은 잘 되었을 때 수익률이 어마어마하다는 점입니다. 오르기 시작하면 무섭게 올라서 상상하기 힘든 큰돈이 되기도 합니다. 그런데, 문제는 언제 오를지 모른다는 것입니다. 5년이 될지, 10년이 될지 아무도 모른다는 것이 문제입니다. 토지야말로 시간을 지배하는 자가 승리하는 게임입니다.

그래서 토지는 반드시 여유 자금이 있는 사람만 해야 합니다. 아무리 역세권 개발 예정지라고 해도 언제 어떻게 될지 모른다고 생각하고, 자금이 묶이더라도 자손 대대로 물려주면 된다고 생각할 정도의 수준에서만 투자해야 합니다. 적은 돈으로 지분투자를 하는 것도 좋은 방법이 될 수 있습니다. 그러나 소액 투자자일수록 묶여서는 안 됩니다. 이것이 토지 투자에 신중해야 하는 이유입니다.

약 30억 정도 여유자금이 있는데 그중 3억 원 정도를 토지에 투자하면 어떨까요? 하고 묻는다면 적극적으로 지지합니다. 그러나 3천만 원이 투자할 수 있는 전부인데 3억 원이 되기를 바라며 토지에 투자하는 것은 절대 하지 말아야 합니다.

오히려 소액으로 땅에 투자하고 싶다면 빌라 투자가 답이 될 수 있습니다. 알짜 땅의 지분을 가지고 땅이 오르기를 기다리는 동안 수익까지 계속 낼 수 있는 훌륭한 투자처가 바로 빌라입니다. 그냥 땅만 사겠다면 알짜 땅은 절대로 소액으로 살 수 없으니까요.

꼬마빌딩 투자에
성공하는 비법

앞서 아파트, 오피스텔, 토지 투자에 대하여 간단히 비교해 보았습니다. 상가 투자는 소액으로 접근하기 어려운 부분이라 다루지 않았습니다. 빌딩 투자 역시 더욱 많은 투자금이 필요하기에 이 책의 범위를 넘어서지만, 대부분 저를 찾아오는 투자자들을 보면 지금은 소액이라도 미래의 모습으로는 대부분 건물주를 목표로 하는 것 같습니다.

그래서 잠시 꼬마빌딩 투자에 관한 이야기를 해 드립니다.

10억~20억 정도의 투자자분들은 지금까지는 아파트 쪽을 많이 물어보셨습니다. 그런데 요즘에는 아파트가 워낙 규제가 많다 보니 꼬마빌딩에 관심을 가지는 분들이 많아지는 것을 느낍니다. 보통 '꼬마빌딩'이라고 얘기할 때는 일반적으로 우리가 흔히 볼 수 있는 대지면적 50~60평 정도, 4~5층 정도의

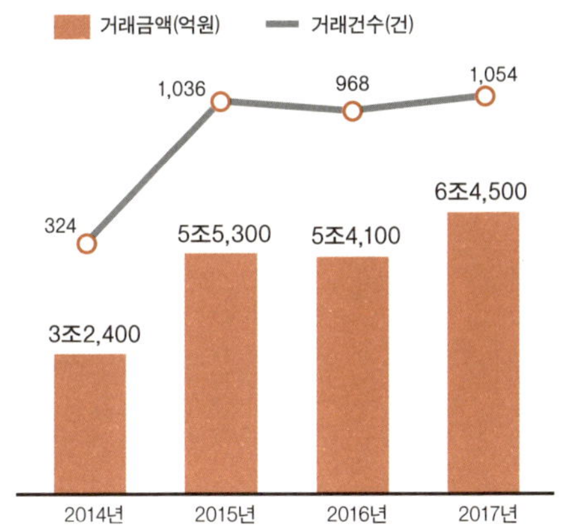

중소형빌딩 분기별 평균거래금액(단위 : 백억원)
자료=리얼리티코리아, 출처=해럴드경제

건물을 말합니다.

사실 꼬마빌딩의 인기는 몇 년째 계속되고 있는데요. 최근 들어 다양한 규제로 더 관심이 늘어난 것 같습니다. 실제로 한 조사에 따르면 2014년 2분기 8,800억 원이던 중소형빌딩 거래금액은 2017년 2분기에 1조 6,200억 원으로, 3년 동안 2배 가까이 증가했습니다.

이러한 성장세엔 개인 자산가들의 꼬마빌딩 투자가 큰 역할을 한 것으로 생각됩니다.

2017년 2분기 중소형빌딩 거래를 한 70%는 50억원 이하 꼬마 빌딩인데요. 거래 지역별로 보면 전체 124건 중에서 강남구가 45건으로 36%, 서초구가 13건으로 10%, 송파구가 12건으로 9% 순입니다. 꼬마 빌딩도 역시 강남 3구에서 전체의 절반 정도가 거래된 셈입니다.

다세대주택도 마찬가지로 강남 3구 지역은 전세가율도 낮아 투자금이 다른 지역에 비해 높은 편이고, 수익률도 낮지만, 거래는 더 잘 되고 있는데요. 이유는 다른 지역에 비해 월등히 높은 거래량과 시세차익에 대한 기대 때문입니다. 꼬마 빌딩 투자도 같은 이유에서 바라보면 이해가 됩니다. 좋은 위치에 있는 '있어 보이는' 신축 꼬마빌딩의 경우는 3%대 수익률에도 매매가 됩니다. 심지어 상담하셨던 고객님 중에서 월세는 대출이자와 건물 유지비만으로 생각하시고 시세 상승이 되는 것을 기다리겠다는 분도 계셨습니다. 1%대라도 괜찮다고 할 정도입니다.

이는 강남 쪽의 특성을 이야기한 것이지 꼭 강남 쪽에서만 투자해야 한다는 뜻이 아닙니다. 처음에는 잘 아는 지역에서 수익률이 높은 물건을 중심으로 시작하시고, 자금이 더 준비되면 강남 쪽에 투자하는 것도 좋은 방법이 될 수 있습니다.

그럼, 칼럼 주제로 다시 돌아가 보겠습니다.

꼬마빌딩 투자에 성공하는 비법이 뭘까요? 꼬마빌딩 투자에 관심을 두기 시작하신 분이라면, '평생 즐겁게 하는 투자'

가 되기 위해서 반드시 기억해야 할 것이 있습니다. 처음 꼬마빌딩에 관심을 가지셨다면 아마도 10억 미만의 조그만 꼬마빌딩을 생각하실 가능성이 큽니다. 만약 그렇다면 잠시 글 읽기를 멈추고 그 10억 미만의 꼬마빌딩이 어떤 모습인가를 눈을 감고 상상해 보시기 바랍니다. 건축년도, 건물 위치, 외관 디자인, 층수, 입구의 모습, 주변에 지나다니는 사람들의 모습, 주변 건물의 외관, 역과의 거리, 수익률, 주변 건물들 환경, 몇 차선 도로인지 등등…….

자, 상상해 보셨는지요?

안타깝게도 저는 무슨 생각을 하셨는지 대충 알고 있습니다. 적어도 '입지가 아주 좋지 않은 구석 지역에 중간에 끼어 있는 낡은 건물이며 주변 동네도 지저분한 곳'을 생각한 분은 아마 없을 것입니다. 입지도 좋고, 주변 환경도 깨끗하고, 10년 미만의 준신축 건물……. 하지만 그런 10억짜리 꼬마빌딩은 세상에 아예 존재하지 않습니다. 이 점만 마음으로 받아들이신다면 행복한 꼬마빌딩 투자의 첫발을 내딛는 것이라고 할 수 있습니다.

마지막으로, 부동산 투자에서 제가 늘 강조하는 것은 '안전'하고 '즐겁게', 그러면서도 '재정적으로 여유로울 수 있는' 투자입니다. 그리고 그렇게 얻은 재정적 여유를 통해 '내가 진짜 하고 싶은 일'을 하며 살아가는 것이 궁극적인 목표가 되어야 합니다. '돈을 많이 버는 것'이 목표가 되어서는 안 됩니다. 돈을 벌어서 무엇을 할 것인가가 훨씬 더 중요한 질문이 되어야 합니다.

이것은 어떤 영역의 부동산 투자를 하더라도 반드시 기억해두시기 바랍니다.

3. 빌라가 아파트보다 좋은 3가지 이유

문재인 정부의 8·2 부동산 대책과 가계부채 종합대책 등 2017년은 역사에 남을 만한 고강도 대책이 줄을 이었습니다. 역대급 부동산 대책들 덕분에 저도 2017년 가을부터 2018년 봄까지 상담을 아주 많이 했습니다.

주로 아파트가 어려워졌는데 어디에 투자를 하는 것이 좋은지, 대출이 막혔는데 부족한 재정으로 집을 살 수 있는 방법이 무엇인지, 주택임대사업자 등록은 해야 하는지, 정말 다 정리하고 똘똘한 한 채만 남겨 놓아야 하는지, 등등 다양한 고민을 가진 분들을 만났습니다.

새로운 투자처를 고민하는 분들에게 저는 강남 3구의 빌라 투자를 적극적으로 권합니다. 어떤 측면에서 빌라는 아파트보다 좋은 투자처가 됩니다.

▶ 빌라가 좋은 이유 1 : 적은 투자비용

우선 투자자의 입장에서 빌라는 강남, 송파, 서초 지역에서는 3천~4천만 원 전후로 소액 투자가 가능한 유일한 영역입니다. 직장인이라면 대출을 활용하여 1천만 원 전후로도 가능하겠지요. 다만 갭이 점점 벌어지고 있는 추세이니 가능하면 빠르게 움직이는 것이 좋겠습니다. 참고로 아파트의 경우, '나홀로 아파트'라 하

저자를 통해 여러 고객이 2천만 원~3천만 원으로 실제 갭투자한 빌라 현장들
왼쪽부터 역삼동, 송파동, 삼전동

더라도 최소 2억 정도가 투자되어야 가능합니다.

갭투자가 아니라 수익형 투자라고 해도 좋은 입지의 빌라를 매수하면 5%대의 수익률 확보가 가능하여 훌륭한 투자처가 됩니다. 실수요자 입장에서는 상대적으로 적은 비용으로 내 집 마련이 가능하고, 전용면적보다 더 넓은 공간에서 거주하여 공간 활용도가 우수합니다.

▶ 빌라가 좋은 이유 2 : 우수한 주변 환경

투자자 입장에서는 수요층이 두터운 강남, 송파 지역의 역세권, 학세권에 투자하면 안정적인 투자수익 확보가 가능합니다. 특히 쓰리룸의 경우는 인근에 초등학교가 위치한다면 공실을 찾아보

저자를 통해 여러 고객이 2천만 원~3천만 원으로 실제 갭투자한 초등학교 도보 1분 거리의 빌라 현장들

빌라 인근에 위치한 송파
한림어린이공원 모습

기 힘들 정도로 수요층이 매우 두텁습니다. 또 실수요자 입장에서는 상대적으로 적은 비용으로 우수한 인프라를 누릴 수 있다는 장점이 있습니다. 강남 등 직장 접근성이나 우수한 학군을 포기하지 않으면서 내 집 마련이 가능한 훌륭한 대안이 되는 것입니다.

▶ 빌라가 좋은 이유 3 : 시세차익 기대

투자자 입장에서는 지속적으로 시세 상승이 되므로 투자시 첫 전세계약 후 다음 계약 시점, 늦어도 그다음 재계약 시점에는 투자금의 전액 회수가 가능할 것으로 기대할 수 있습니다.

또 실수요자 입장에서는 서울 강남 3구의 빌라 매매와 비슷한 예산으로 비강남권, 경기도권의 아파트를 매수하거나 전세 거주를 선택했을 경우와 비교해 볼 때 2~3년 후의 자산은 큰 차이가 있을 것입니다.

많은 전문가들이 빌라 투자는 차익형으로 접근하기보다는 임대수익형으로 접근할 것을 권하고 있습니다. 수익형 접근은 잘못된 시각이라고 생각하지는 않습니다. 비강남권을 포함해 '평균'적으로 볼 때 시세차익이 크지 않으나 임대수요는 높고, 소형이라 수익률이 높기 때문에 수익형으로 접근해도 훌륭한 투자처가 되는 것도 맞습니다.

그러나 수익형으로 접근하려면 이제는 대출 제한이 많아서 생각보다 실투자금이 많이 들어갑니다. 입지가 좋은 곳은 10평 남짓한 투룸 다세대주택을 매수하여 월세를 기대하려고 하면 예전과 달리 문재인 정부 들어서는 1억5천~2억 가까이 투자되어야 가능합니다. 그래서 '소액' 투자로 접근하기에는 매우 부담스럽습니다.

저는 2억 정도를 다세대주택에 투자한다고 한다면 월세수익보

다 강남권 다세대주택 여러 채를 구입하는 것이 훨씬 더 좋은 접
근이라고 생각합니다. 월세를 100만 원 정도 받아도 많아 보이지
만 생활비 씀씀이만 키우고 별 도움이 되지 않는 경우도 많이 보
았기 때문입니다.

다세대주택도 강남권의 좋은 입지에 투자한다면 시세차익을
충분히 기대할 수 있습니다.

끝으로, 빌라가 아파트보다 좋은 3가지 이유를 간단히 표로 정
리해 보겠습니다.

구분	투자자	실수요자
적은 투자 비용	- 3~5천만 원 전후로 소액 갭투자 가능 - 5%대 수익률 월세수익 가능 - 주택이므로 취득 시 적은 세금 부담 또는 면제	- 상대적으로 적은 비용으로 내 집 마련 가능 - 전용면적 대비 넓은 실평수와 공간 활용 우수
우수한 주변 환경	- 수요층이 두터운 역세권, 학세권 투자로 안정적인 투자수익 확보	- 상대적으로 적은 비용으로 주변 우수 환경 누림 - 우수한 강남 접근성을 유지하며 내 집 마련 가능 - 우수한 학군 접근성
시세차익 기대	- 갭투자 시 첫 임대차계약 만료 후 재계약 시 투자금 전액 회수 기대 - 투자 대비 수익률 지속 상승기대	- 같은 비용으로 경기도권 아파트 매수나 서울지역 전세 거주에 비해 시세차익 가능성 높음

강남4구 지역 빌라 기준, ©티움부동산연구소

4. 빌라가 직장인에게 최적의 투자처인 이유

빌라 투자가 특히 직장인에게 좋은 투자처가 되는 데에는 여러 가지 이유가 있습니다.

크게 몇 가지만 설명해 보겠습니다.

첫째, 직장인은 레버리지 활용의 극대화가 가능합니다.

직장인이라면 대기업은 물론이고, 꼭 큰 규모의 회사가 아니라고 해도 신용이 확실하므로 투자금을 더욱 줄일 수 있습니다. 임직원 대출이나 마이너스 통장을 활용하면 3천만 원~5천만 원의 실투자금이 필요하더라도 내 통장에 1~2천만 원만 있어도 가능하고, 심지어 한푼도 없어도 투자할 수 있다는 뜻입니다.

대출은 이자를 갚지 못하면 여러 가지 어려움에 부닥칠 수 있어서 신중해야 하나, 직장인분들은 월급이 정해져 있기 때문에 3천만 원을 빌리더라도 한 달에 이자가 10만 원이 채 되지 않으니 큰 부담 없이 투자할 수 있기 때문입니다.

둘째, 주택임대사업자 혜택에서 직장인은 절대적으로 유리합니다.

주택임대사업자 등록 시 다양한 혜택을 받을 수 있습니다. 직장인이 아니라면 임대사업자 등록 시에 건강보험료 폭탄을 맞을 수도 있는데, 직장인이라면 직장 가입자가 우선 적용되어 걱정할 일이 없습니다. 물론, 모든 직장인이 그런 것은 아니고 연간 소득금액이 7,200만 원 이하일 경우에만 해당합니다. 아마도 이 책을 읽으시는 분들 대부분 7,200만 원 이하이지요? 그렇다면 상관이 없다고 보면 되겠습니다.

좋지 않은 소식 하나는 7,200만 원의 기준금액이 줄어들 수 있다는 것인데, 법률적으로 '소득금액'과 '수입금액'은 다른 개념이라 다소 기준금액이 줄어든다고 하더라도 필요경비를 제외한 후의 금액이 기준이 되므로 대부분의 직장인분들은 걱정하지 않아도 되겠습니다. 따라서 직장인이 주택임대사업자로 등록하고 소형 주택 2~3채를 보유하는 것 정도는 추가로 부담할 세금이 거의 없다고 보아도 무방합니다.

세금 부분에 대해서는 별도의 장에서 설명하겠습니다.

셋째, 언젠가 다가올 퇴사 후의 삶을 준비하는 데 매우 효과적입니다.

모든 직장인은 정년까지 근무하고 퇴직을 하거나 여러 가지 사유로 퇴사를 하는 날이 반드시 오게 됩니다. 그 이후의 삶을 준비하는 데 있어서 소형 주택 투자 경험은 큰 자산이 됩니다. 직장에 다닐 때부터 부동산에 관심을 가지고 투자 영역을 넓혀 가면, 퇴사 후 활동할 자금 마련은 물론이고, 믿을 만한 공인중개사를 통해 부동산의 흐름도 자연스럽게 알게 되어 큰 도움이 될 것입니다.

투자 상담을 하러 찾아오는 은퇴하신 분들을 보면 대부분 자산이 '퇴직금 + 회사 근처 거주하는 집 1채'인 경우가 대부분입니다. 부동산에 관심을 두지 않고 살아왔기 때문입니다. 매우 안타까운 일입니다.

그런 점에서 지금 이 시점부터 시작한다면 돈이 있으면 있는 대로, 없으면 이 책을 따라 소액 투자부터 시작한다면, 은퇴 혹은 퇴사 시점에 전혀 다른 재정적 환경 속에서 새 삶을 그릴 수 있을 것입니다.

행복한 삶을 살아가는 중요한 요소 중 하나는 '희망'과 '방향성'입니다. 그런 점에서 부동산 투자는 삶을 매우 긍정적으로 바라보게 해 줍니다. 한 치 앞을 모르는 주식이나 가상화폐 거래 어플을 들여다보며 매일 일희일비하는 것에 비할까요?

아무도 알려주지 않는
소형 주택 투자 비법 7가지

빌라 투자가 왜 소액투자자들에게 가장 좋은 투자처인지는 이제 이해하셨을 것으로 믿습니다. 그러나 '아는 것'으로는 어떤 일도 일어나지 않습니다. '실행'을 해야만 역사가 시작되는 것입니다.

자, 이제 빌라 투자를 하기로 마음먹었다면, 지금부터는 그 누구에게도 공개하지 않았던 비밀 노트를 공개합니다.

1. 신축 분양하는 빌라에 투자하라.

신축빌라 투자와 구옥빌라 투자는 완전히 다른 접근입니다. 실제 매매에서 신축빌라는 '실면적' 기준으로 시세가 형성되고 거래가 됩니다. 전용면적도 아니고 지분도 아닙니다. '전용면적'과 '실면적'을 같다고 생각하시는 분들이 많은데 빌라에서는 매우 다릅니다. 신축빌라가 실면적을 기준으로 시세가 형성된다면 20년이 넘어가는 구옥은 오로지 지분만으로 시세가 형성됩니다. 그런데 건물 전체가 한 소유자인 다가구주택이 아니라 다세대주택인 경우에는 소유자들의 동의가 필요하여 언제 재건축이 될지 정확히 알 수가 없습니다. 자칫 돈이 묶일 수 있다는 것이지요. 그래서 소액투자자는 매우 신중하게 투자해야 합니다.

신축 빌라가 가장 좋은 또 다른 이유는 세금 혜택 때문입니다. 주택임대사업자로 등록하면 신축빌라는 2억까지 취득세가 면제됩니다. 2억을 초과하더라도 85% 감면이니 거의 내지 않는다고 보면 됩니다. 그러나 구옥은 취득세 전부를 그대로 다 납부해야한다는 점에서 차이가 있습니다. 3천만 원 소액 투자자가 취득세로 300만 원을 내고 안내고는 큰 차이입니다.

투자자 입장에서 신축빌라가 기존 빌라보다 좋은 점은 또 있습니다. 제가 초보 투자자분들에게 가장 많이 듣는 질문이 '1천만 원이 전부라 전세가 안 맞춰지면 제가 몇억 잔금 낼 돈이 없는데 망하는 거 아닐까요?'입니다. 그렇게 생각하는 마음은 알겠지만, 실제로 그런 일은 일어나지 않습니다. 대부분 분양 시에 잔금일을 아주 여유 있게 작성을 하여 전세 세입자가 들어올 기간을 충분히 주기도 하고, '잔금을 O월로 하되 전세 세입자 일정에 따라 협의하여 조정한다'고 명시하기도 합니다. 그래도 불안하다면 건축주에 따라 아예 계약서 잔금일을 공란으로 두고 '잔금일은 전세 세입자의 잔금으로 대체한다'라고 명기합니다. 그렇게 계약을 하는 것은 입지가 좋은 강남지역의 경우 전세 수요가 풍부하기 때문에 건축주도 자신이 있어야 가능하겠지요.

이 부분은 현장마다 조금씩 차이가 있지만, 확실한 것은 공실인 채 만기가 되어 잔금을 투자자가 내야 하는 일은 일어나지 않는다는 점입니다. 저희 투자자 중개 영역인 강남 4구에서는 한 번도 그런 일은 들어본 적이 없습니다. 그래도 만에 하나 그런 일이 일어났다고 가정해 봅시다. 꼭 투자 초보일수록 일어날 가능성 낮은 부정적인 부분에 집착하는 경향이 크게 나타납니다. 저는 또 친절하게 그런 일이 일어났다고 가정해 보지요.

세입자를 구하지 못한 채 잔금일이 되었다고 해서 건축주가 투자자에게 일방적으로 계약금을 몰수하고 해지하거나 돈을 내놓으라고 소송을 하는 일은 일어나지 않습니다. 돈이 없는 것을 아는데 달라고 해 보아야 소용이 없고, 계약을 해지한다고 해도 결국 새로운 투자자가 오면 상황이 달라지지 않으니 해지하는 실익도 없으며, 소송을 한다고 해도 몇 개월의 소송 기간이면 세입자가 들어오고도 남는 시간이니, 서로 돕는 것이 건축주도 빨리 돈을 받는 방법이기 때문입니다.

이렇게, 신축빌라는 '투자자 중심'으로 거래가 될 수 있도록 도와주는 형태를 띠는 경우가 많아서 편하게 거래를 진행할 수 있다는 장점이 있습니다. 기존 주택은 현재 누군가가 살고 있기 때문에 이런 안정적인 방식으로 거래를 할 수는 없습니다. 그렇다면 첫 번째 세입자는 그렇다 치고 두 번째 세입자가 안구해지면 어쩌지?라는 부정적인 질문이 또 떠오른다면 저를 찾아오세요. 첫 세입자 이후에는 현실적으로 문제될 부분이 생기지 않습니다.

다만, 강남권을 벗어나 외곽 지역에서 투자할 때에는 이런 식의 투자자 중심 계약은 생각보다 협의가 잘 안 된다는 점은 알아 두어야 하겠습니다. 그만큼 수요층이 두텁지 않다는 반증이기도 하겠지요.

끝으로, 한 마디 덧붙이자면, 입지 좋은 구옥 빌라나 재건축이 예정된 단지의 빌라는 투자금이 생각보다 많이 들어갑니다. 매매는 '교환 가치'이고 전세는 '사용 가치'인데, 구옥 빌라는 교환 가치만 크고 사용 가치는 매우 낮으므로 전세를 끼고 투자를 한다고 해도 1억 이상의 투자금이 소요되는 곳이 대부분이니 참고할 필요가 있겠습니다.

2. 열이면 아홉은 해당하는 불법 확장세대 투자법

대부분의 빌라는 불법 확장 세대가 있습니다. 특히 강남권 지역
은 거의 모든 빌라가 불법 확장 세대가 있다고 해도 과언이 아닙니
다. 우선 불법 확장 세대가 왜 있는지부터 이해할 필요가 있는데
요, 그 전에 발코니와 베란다를 먼저 구분할 줄 알아야 합니다.

베란다와 발코니는 일상생활에서는 혼용해서 같은 뜻으로도
많이 쓰이지만, 사실 완전히 다른 용어입니다.

아래층이 있으면 베란다, 아래층이 없으면 발코니입니다. 1.5m
이내의 발코니 확장은 합법인 데 반해 베란다 확장은 불법이기
때문에 이 구분은 매우 중요합니다. 우리가 아파트를 매수할 때
'베란다 확장'이라고 많이 이야기하는데요. 대부분 '발코니 확장'
이 맞는 표현입니다. 아래 그림을 보면 이해가 되지요?

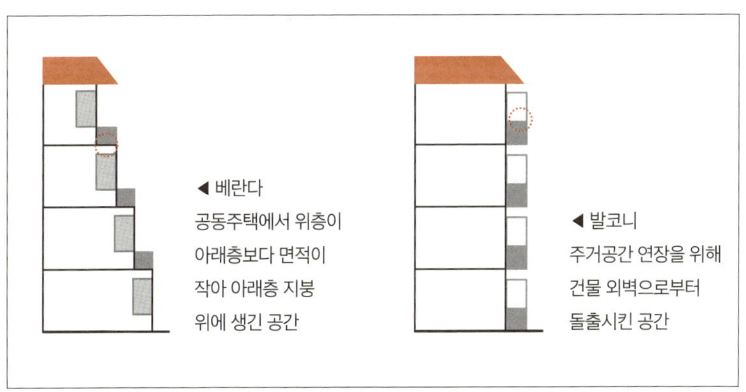

베란다와 발코니 비교

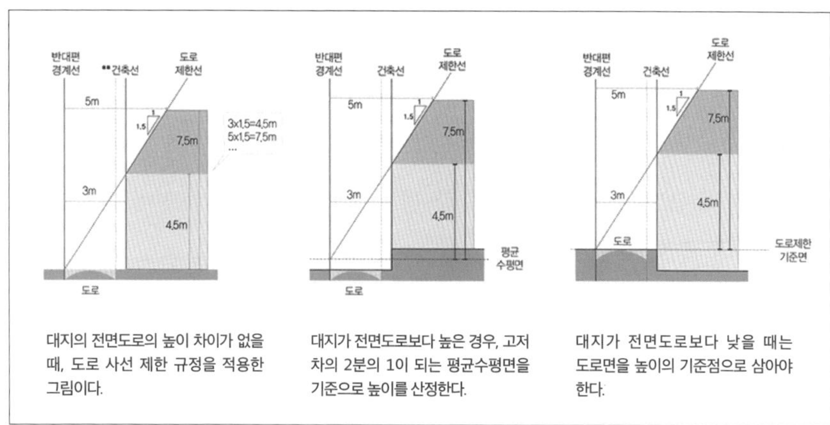

대지의 전면도로의 높이 차이가 없을 때, 도로 사선 제한 규정을 적용한 그림이다.

대지가 전면도로보다 높은 경우, 고저 차의 2분의 1이 되는 평균수평면을 기준으로 높이를 산정한다.

대지가 전면도로보다 낮을 때는 도로면을 높이의 기준점으로 삼아야 한다.

북향과 남향 일조권 비교

그럼 이제 불법 베란다 확장이 일어나게 되는 이유를 보겠습니다. 전용주거지역과 일반주거지역 안에서 집을 지을 때는 주변 건축물의 일조권 확보를 위해 건물 높이에 제한을 받게 됩니다. 건물의 높이에 따라 정북 방향의 인접 대지 경계전으로부터 일정 거리 이상을 이격해서 건축하도록 하는 '일조권 사선제한'을 법으로 규정하고 있습니다.

시행령을 보면 높이가 9m 이하인 부분은 1.5m 이상, 9m를 초과하는 부분은 해당 건축물 각 부분 높이의 1/2 이상을 인접 대지 경계선으로부터 이격해야 합니다.

일반적으로 9m면 3층 정도이기 때문에 3층까지는 확장이 들어가는 경우가 거의 없고 4층부터 건축물이 제한받기 시작합니다. 정북 방향을 기준으로 하므로 건물이 북향으로 나 있는 경우에는 5층이나 6층부터 제한이 되기도 합니다. 그래서 입주민은 일반적으로 남향을 좋아하지만, 건축주는 이런 이유로 북향을 최고로 칩니다. 역시 그림을 보면 바로 이해가 됩니다.

문제는 이렇게 법대로 짓는다면 매우 손해를 많이 보게 되겠지요. 그래서 대부분의 건축주들이 일단 법대로 지어서 준공검사를 받은 다음 제한받는 부분을 추후에 불법으로 보완하여 내부에서 볼 때는 아래층과 동일한 구조로 설계를 하게 됩니다.

물론 불법이라 주변의 신고나 주기적인 항공사진 촬영 등을 통해서 적발되면 건축물대장에 위법건출물로 표기가 되고 이행강제금이 부과됩니다.

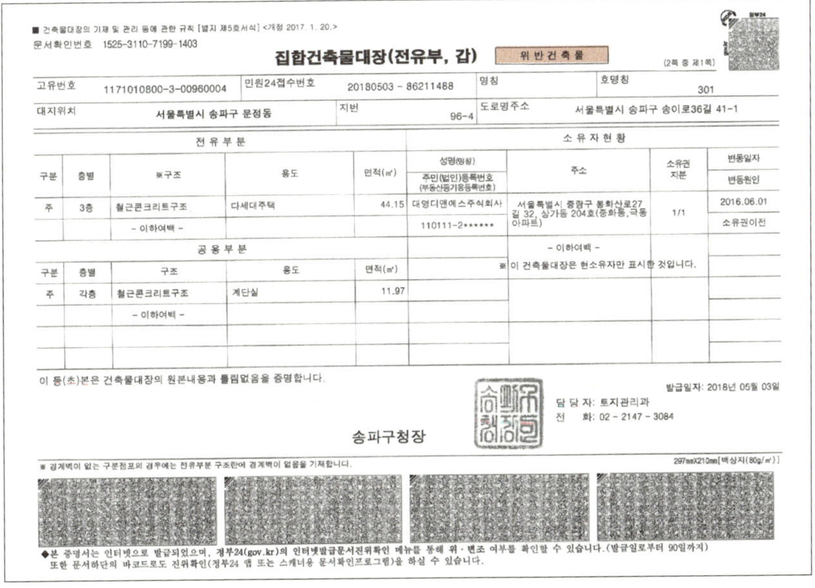

■ 건축물대장의 기재 및 관리 등에 관한 규칙 [별지 제5호서식] <개정 2017. 1. 20.>
문서확인번호 1525-3110-7199-1403

집합건축물대장(전유부, 갑)   위반건축물   (2쪽 중 제1쪽)

고유번호	1171010800-3-00960004	민원24접수번호	20180503 - 86211488	명칭		호명칭	301
대지위치	서울특별시 송파구 문정동	지번	96-4	도로명주소		서울특별시 송파구 송이로36길 41-1	

전 유 부 분 / 소 유 자 현 황

구분	층별	※구조	용도	면적(㎡)	성명(명칭) 주민(법인)등록번호 (부동산등기용등록번호)	주소	소유권 지분	변동일자 변동원인
주	3층	철근콘크리트구조	다세대주택	44.15	대영디앤에스주식회사 110111-2******	서울특별시 중랑구 봉화산로27길 32, 상가동 204호(중화동,극동아파트)	1/1	2016.06.01 소유권이전
		- 이하여백 -						

공 용 부 분

구분	층별	구조	용도	면적(㎡)	
주	각층	철근콘크리트구조	계단실	11.97	※ 이 건축물대장은 현소유자만 표시한 것입니다.
		- 이하여백 -			- 이하여백 -

이 등(초)본은 건축물대장의 원본내용과 틀림없음을 증명합니다.

송파구청장

담 당 자 : 토지관리과
전   화 : 02 - 2147 - 3084
발급일자 : 2018년 05월 03일

297mmX210mm[백상지(80g/㎡)]

※ 경계벽이 있는 구분점포의 경우에는 전유부분 구조란에 경계벽 있음을 기재합니다.

◆ 본 증명서는 인터넷으로 발급되었으며, 정부24(gov.kr)의 인터넷발급문서진위확인 메뉴를 통해 위·변조 여부를 확인할 수 있습니다. (발급일로부터 90일까지)
또한 문서하단의 바코드로도 진위확인(정부24 앱 또는 스캐너용 문서확인프로그램)을 하실 수 있습니다.

위반건축물이 되면 이렇게 건축물대장에 위반건축물로 표기가 됩니다. 표기 위치도 '건축물대장' 글씨 바로 옆에 노란색으로 표기되어 눈에 잘 띕니다.

위반 사유는 뒷부분에 상세히 설명되어 있습니다. 대부분 예시처럼 설명이 되어 있습니다.

문서확인번호 1525-3110-7199-1403

(2쪽 중 제2쪽)

고유번호	1171010800-3-00960004	민원24접수번호	20180503 - 86211488	명칭		호명칭	301
대지위치	서울특별시 송파구 문정동	지번	96-4	도로명주소	서울특별시 송파구 송이로36길 41-1		

공용부분					공동주택(아파트) 가격 (단위 : 원)	
구분	층별	구조	용도	면적(㎡)	기준일	공동주택(아파트)가격

* 「부동산 가격공시 및 감정평가에 관한 법률」제 17조에 따른 공동주택가격만 표시됩니다.

변동사항					
변동일	변동내용 및 원인	변동일	변동내용 및 원인		그 밖의 기재사항
2016.05.24 2016.08.31	2016.05.24. 사용승인되어 신규작성(신축) 2016.08.31. 건축과-23394호(2016.08.31.)에의거 위반건축물표기[위반내용: 창문 차면시설 미설치] - 이하여백 -				

297mm×210mm[백상지(80g/㎡)]

◆본 증명서는 인터넷으로 발급되었으며, 정부24(gov.kr)의 인터넷발급문서진위확인 메뉴를 통해 위·변조 여부를 확인할 수 있습니다.(발급일로부터 90일까지) 또한 문서하단의 바코드로도 진위확인(정부24 앱 또는 스캐너용 문서확인프로그램)을 하실 수 있습니다.

다른 위반건축물 사례를 하나 더 보겠습니다.

■ 건축물대장의 기재 및 관리 등에 관한 규칙 [별지 제5호서식] <개정 2017. 1. 20.>
문서확인번호 1525-3109-2426-9880

집합건축물대장(전유부, 갑) 위반건축물

(2쪽 중 제1쪽)

| 고유번호 | 1171010800-3-00640015 | 민원24접수번호 | 20180503 - 86209336 | 명칭 | 제이제이파크 103동 | 호명칭 | 601호 |
| 대지위치 | 서울특별시 송파구 문정동 | 지번 | 64-15 | 도로명주소 | 서울특별시 송파구 송파대로18길 16-13 | | |

전유부분 / 소유자현황

구분	층별	※구조	용도	면적(㎡)	성명(명칭) 주민(법인)등록번호 (부동산등기용등록번호)	주소	소유권 지분	변동일자 변동원인
주	6층	철근콘크리트구조	도시형생활주택(단지형 다세대)	23.55	수협은행 244235-0******	서울특별시 송파구 오금로 62(신천동)	1/1	2018.01.30 소유권이전
		- 이하여백 -						

공용부분

구분	층별	구조	용도	면적(㎡)
주	각층	철근콘크리트구조	계단실	5.219
주	1층	철근콘크리트구조	주민공동시설	0.311
		- 이하여백 -		

- 이하여백 -

※ 이 건축물대장은 현소유자만 표시한 것입니다.

문서확인번호 1525-3109-2426-9880

(2쪽 중 제2쪽)

| 고유번호 | 1171010800-3-00640015 | 민원24접수번호 | 20180503 - 86209336 | 명칭 | 제이제이파크 103동 | 호명칭 | 601호 |
| 대지위치 | 서울특별시 송파구 문정동 | 지번 | 64-15 | 도로명주소 | 서울특별시 송파구 송파대로18길 16-13 | | |

공용부분 / 공동주택(아파트) 가격 (단위 : 원)

구분	층별	구조	용도	면적(㎡)	기 준 일	공동주택(아파트)가격

* 「부동산 가격공시 및 감정평가에 관한 법률」 제 17조에 따른 공동주택가격만 표시됩니다.

변동사항

변동일	변동내용 및 원인	변동일	변동내용 및 원인	그 밖의 기재사항
2018.01.10 2018.03.13	2018.01.10. 사용승인되어 신규작성(신축) 주택관리과-14497(2018.03.13.)호 및 -14619(2018.03.14.)호에 의거 위반건축물 기재 [위반내용 : (103동 601호) 판넬/판넬, 주거, 26㎡] - 이하여백 -			

이 사례의 경우에는 창문 차면시설 미설치로 위반건축물이 되었네요.

이야기 주제에서 잠시 벗어나지만, 창문 차면시설은 약 4만 원 정도면 구입하여 설치가 가능한데, 왜 그냥 두고 있을까요? 건축

주는 설치하고 싶어도 세입자가 답답하다고 제거를 요청하기도
하고요. 답답해 보여서, 또는 세입자 구하기가 어려워 제거하기도
합니다.

이런 위법건축물이라면 만약의 경우에 설치하면 그만이므로
크게 문제 되는 건물이 아니라고 볼 수 있습니다. 이런 경우에는
1금융권 전세자금대출이 나오기도 합니다. 실제로 저도 이 건물
에 계약한 세입자분에게 전세자금대출을 받게 해 드렸습니다.

혹시 이런 위반 사유가 건축물대장에 나올 수 있으니 꼭 기억
해 두세요.

다시 이행강제금 이야기로 돌아가 보겠습니다.

이렇게 확장으로 인해 위법건축물이 되면, 이행강제금이 부과
되는데 이행강제금은 소형 주택이면 확장 면적의 크기에 따라 부
과됩니다. 몇십만 원부터 천만 원 전후까지 다양하게 책정됩니다.
그런데 선호 지역에서는 평당 2~3천만 원이 훌쩍 넘는데 이행강
제금이 천만 원이라니 5평만 불법으로 확장한다고 해도 얼마가
남는 장사인지 계산이 되나요?

그러니 결국 건축주 입장에서는 불법 확장 세대를 만들지 않
을 이유가 없습니다. 누구라도 빌라를 짓는다면 아마도 불법확장
을 할 것입니다. 불법 확장 세대 투자는 무조건 하지 말아야 하
는 것은 아닙니다.

다만 아래 3가지는 반드시 기억해야 합니다.

1) 불법이 아니라고 해도 높은 층이라면 불법 여부는 반드시 확인해야 합니다.

때로는 가장 꼭대기 층이 아니라 4층부터 불법인 경우도 종종 있습니다. 이런 경우 불법이라고 말을 해주지 않으면 일반 투자자들은 알 방법이 없습니다. 보존등기 전에는 서류도 없고, 서류가 있더라도 '아직' 적발이 되지 않았으므로 건축물대장도 깨끗합니다. 결국 건축주가 숨기려고 하면 일반인들은 알기가 어렵습니다.

불법확장 세대의
시공 모습(윗부분),
ⓒ티움부동산연구소

현장을 다니면서 느끼는 분위기는 최근의 추세가 숨기기보다는 이행강제금을 지원하는 쪽으로 흐름이 많이 바뀌었습니다.

어쨌든 불법 여부를 90% 이상 확인할 수 있는 방법을 알려드립니다. 우선 나침반 앱을 다운받아서 현장에서 북쪽이 어디인지 확인합니다. 북쪽 위쪽 부분에 아래층과 다른 자재로 시공이 되었다면 불법으로 보셔도 됩니다.

다용도실로 활용하거나 확장 면적이 적다면, 거주 측면에서는 크게 문제가 없다고 봐도 괜찮습니다. 물론 가성비를 생각할 때 괜찮다는 뜻입니다.

복층도 합법 복층이 있습니다. 합법 복층은 우선 등기부등본을 보면 기준층과 같이 복층 부분도 등기부등본에 기재가 되어 있습니다. 이렇게 등기부에 기재된 복층은 위층에도 화장실, 보일러 등 설치가 가능하고 층고(층높이) 제한도 없습니다. 그러나 이렇게 건축하면 건축주 입장에서는 사업성이 현저하게 떨어지고 수요자 입장에서도 그만큼 비용을 지불해야 하니 매수자를 구하기도 어렵습니다.

등기부등본에 기재되어 있지 않아도 다락으로만 사용하면 합법입니다. 다만 다락으로 사용하려면 위층 높이를 경사 지붕은 1.8m, 평지붕은 1.5m 이내로 하고, 화장실이나 보일러 설치는 할 수 없습니다. 그러나 등기본등본에 위층이 기재되어 있지 않고, 화장실, 난방시설 등이 설치되어 있다면 불법 복층입니다. 이런 불법 복층이 대부분인데 적발되면 건축물대장에 위법건축물로 표기되고 이행강제금이 부과됩니다. 그런데 베란다 불법 확장과 달리 불법 복층의 경우에는 불법 개조 부분이 내부에 있어서 적발되는 사례는 거의 없다고 보면 됩니다.

또한 복층은 꼭대기 층에 있는 경우가 많으니 불법 확장과 불법 개조가 모두 해당되는 사례가 많습니다. 이 부분도 참고하셔야 하겠습니다.

투자자 입장에서 유의할 점은, 적발되어 위법건축물이 되면 전세자금대출이 제한되어 세입자층이 얇아진다는 점입니다. 물론 대출이 전혀 안 되는 것은 아니고 1금융권은 지점에 따라 위법 정도에 따라 되는 지점도, 안되는 지점도 있으므로 대출 전문 상담사를 통해 확인하는 것이 필요합니다. 대부분 공인중개사와 협력하는 상담사가 있으므로 확인해 보시면 됩니다. 2금융권은 보통은 큰 무리 없이 대출이 가능합니다.

❖ 이행강제금?

이행강제금은 위법건축물이 적발된 경우 원상복구 하도록 명령이 떨어지나 이를 이행하지 않을 경우 강제하기 위하여 부과됩니다. 주택의 경우 전용면적 85㎡ 미만일 경우에는 1년에 1회 전후로 최대 5회까지 부과가 됩니다. 그런데 중요한 점은 85㎡ 이상일 경우에는 횟수에 제한 없이 이행강제금을 지속적으로 부과할 수 있습니다.

물론 면적이 초과하지 않아도 중대한 불법건축물일 경우에는 5년(5회) 이상 부과되는 것도 가능하나 아직 본 적은 없습니다. (물론 아직까지 제가 본 적이 없다고 앞으로도 없다는 뜻은 아니므로 신중할 필요는 있겠습니다.)

대부분 신축 분양을 받을 때는 건축주가 이행강제금을 선납해 주는 경우가 많습니다. 저렴한 투자금 또는 복층을 희망하여 확장 세대를 분양받기로 할 때는 반드시 면적을 확인하시기 바랍니다.

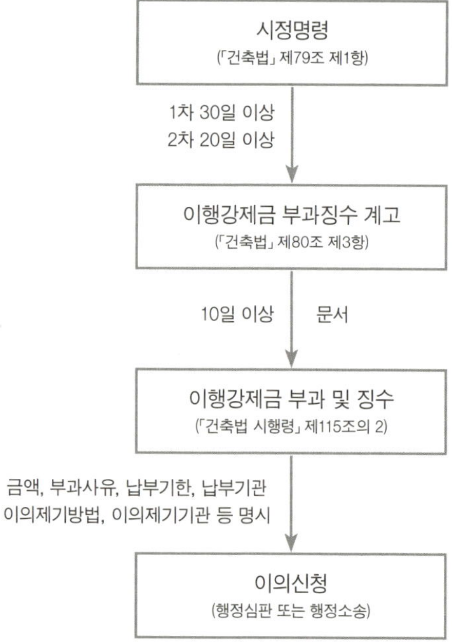

또한 대출이 가능하다고 해도 복층의 경우에는 대출이 적게 나온다는 점도 알고 있어야 합니다. 대출은 감정평가액이 기준가가 되는데 감정평가는 전용면적 기준으로 설정되므로 분양가를 기준으로 해서 예상되는 대출 수준을 생각하면 그보다 낮게 설정이 되는 경우가 많으므로 잘 판단하고 실투자금을 고려한 후 매수해야 합니다.

현장에서는 이 부분을 확인하지 못해 계약서를 쓰고 계약금을 지급했다가 계약을 포기하는 경우를 심심찮게 보게 됩니다.

아울러 한 가지 중요한 것은 반드시 확장 면적을 확인해야 합니다. 확장 부분을 포함하여 $85\,m^2$ 이하여야만 이행강제금이 5회에서 마무리될 수 있습니다. 물론 '반드시 5회만 나온다'고 장담할 수도 없고, 마무리된다고 해서 적법한 상태가 되는 것은 아닙니다. 이행강제금 부과는 중지되어도 계속 위법건축물로는 남아있게 됩니다. 몇 년에 한 번씩 양성화를 통해 구제하고 있으나 이것을 바라보고 결정할 수는 없겠지요.

한편, 최근 서울시의 이행강제금 부과 건수를 보면 2015년 4만 5,630건, 2016년 5만3,267건에서 2017년 8월 집계로 2만3,244건입니다. 징수율은 2015년 76.9%, 2016년 70.9%, 2017년 8월 집계까지 63.8%이고, 최근 3년간 체납금액만 450억 원에 달합니다.

그래서 이에 대한 강화와 행정대집행까지 논의가 되고 있어서 가능성은 희박하지만 최악의 경우 정말로 철거해야 하는 상황이

올지도 모릅니다. 그래서 정말 신중히 고려해야 합니다. 특히 이런 면적이 넓은 복층에 투자하는 것은 추천해 드릴 수 없겠습니다.

3. 서류 없이는 누구도 알 수 없는 근생 주택 투자법

근생 주택은 근린생활시설인데 불법으로 용도를 변경하여 주택으로 사용하는 세대를 뜻합니다. 이런 근생 주택은 불법확장보다 훨씬 더 신중하게 고려할 사항이 많습니다.

2층은 근생주택, 3층은 다세대 주택으로 구성된 신축빌라 현장. 구조 등 완전히 동일하다.
ⓒ 티움부동산연구소

근생 주택이란 근린생활시설을 주택으로 개조한 세대를 말합니다. 그런데 일반 주택과 똑같이 생겼음에도 분양가가 몇천만 원 더 저렴하니 매력적이지 않을 수 없습니다. 특히 신축빌라는 모든 것이 똑같아서 구분하기가 어렵습니다. 예를 들어 2층과 3층의 자재, 구조, 면적 등 모든 것이 똑같은데 2층은 근생, 3층은 주택입니다. 즉 서류를 확인하기 전까지는 그 누구도 확인이 어렵습니다.

근생 주택은 '불법으로 용도를 변경해 주택으로 사용하는 것이구나' 하고 쉽게 생각하면 안 됩니다. 다양한 측면에서 제한점들이 있습니다. 겉모습은 주택이지만 내가 투자하는 물건이 '주택'이 아니라는 점을 잊어서는 안 됩니다. 즉 불법확장 주택보다 훨씬 복잡한 사항들을 신중하게 고려해야 합니다.

우선 근생 주택은 '근린생활시설'이기 때문에 주거용 시설이 있으면 불법입니다. 바닥 난방이나 방 안 화장실 설치도 불법입니다. 대표적인 것이 주거용 취사시설입니다. 만약 주택으로 불법 용도변경을 했다는 신고가 접수될 경우 세입자에게 불편을 초래하게 될 수 있습니다. 해당 지자체에서 현장 확인을 나올 수 있기 때문입니다.

실제로 제 주변에도 근생 주택에 살다가 지자체 단속이 나와서 인덕션을 빼서 숨겼다가 다시 설치하는 해프닝을 한 분도 있습니다. 게다가 자치구는 근린생활시설의 무단 용도변경을 적발하면

즉시 원상복구 명령을 내리게 됩니다. 이를 이행하지 않으면 시세의 10%에 해당하는 이행강제금을 위반사항이 시정될 때까지 부과할 수 있으니 충분히 무서워할 만합니다.

그런데 현재까지는 단속 의지가 있다고 보이지는 않습니다. 서울시 2017년 기준 3년간 위반건축물의 유형은 무허가 건축물이 대부분(90.7%, 4만 3,815건)이고, 무단 용도변경은 겨우 2.9%(1,397건)입니다. 그 외에는 무단대수선(방 쪼개기) 0.9%(419건), 사전입주 0.4%(2,238건) 등입니다. 이처럼 무단 용도변경이 2.9%뿐인데, 사실 이마저도 대형 건축물이 대부분이고, 소형 주택은 거의 적발사항이 없습니다. 외부에서는 알 수가 없고 내부를 봐야 하는데 협조를 잘 해주지 않는 데다가 전월세 세입자가 피해를 보게 되어 적극적으로 나서지 않는 측면도 있는 것으로 풀이됩니다.

그렇다고 마음 놓고 해도 된다는 뜻은 아닙니다. 그만큼 신중하게 투자해야 하는 것만큼은 사실입니다.

여기에 또 한가지 기억해야 할 부분이 있습니다. 근생 주택은 주차공간 확보 세대 수에서 제외됩니다. 그래서 엄밀하게 이야기하면 근생 주택에 입주한 분들은 주차장을 사용할 수 있는 권리를 주장할 수 없습니다. 물론 현실에서는 다 같은 입주민들끼리 서로 양보하며 사용하겠지만, 큰 분쟁이 생긴다면 근생 주택 입주자들은 사실상 주차장 사용 권리를 주장할 근거가 없습니다. 이

점도 알아 두셔야 하겠습니다.

또한 근생 주택을 매수했다면 하자보수 예치금 혜택에서도 제외됩니다. 하자가 발생하면 직접 해결해야 한다는 뜻입니다. 이 부분은 물론 계약서 작성 시 어느 정도 보완할 수 있겠지만 합의가 쉽지 않겠지요.

마지막으로, 가끔 분양 현장에서 '일단 분양을 받고 보유하다가 추후에 주택으로 용도변경 하면 된다'고 하는 이야기를 듣곤 합니다. 이렇게 이야기하는 분들을 조심해야 합니다. 그래서 공인중개사를 통해 거래하는 것을 추천해 드립니다. 물론 저 역시 '정말 나쁘다'라고 생각하는 중개사들을 직접 현장에서 마주치기도 하지만, 직업윤리 의식을 가진 중개사들은 적어도 이렇게 이야기하지는 않는 것 같습니다.

결론부터 말씀드리면, 근생 주택을 주거용 주택으로 용도를 변경하는 것 자체는 가능하지만 사실상 불가능합니다. 근린생활시설을 주택으로 용도변경 하기 위해서는 일단 주차공간을 확보해야 합니다. 그런데 이 '주차'라는 것은 설계 시점부터 매우 이슈가 되는 부분입니다. 건축주 입장에서는 공간은 많이 차지하면서 사업성은 떨어지게 하는 아주 마음에 들지 않는 부분이지만 '주차편의'에 대한 고객의 요구와 민감도는 높기 때문에 적절한 선을 많이 고민하여 책정하게 됩니다. 그래서 주차 공간은 대부분 설계

할 때 이미 최대한의 주차대수를 설정해 세대수를 확보합니다. 그래야 사업성이 조금이라도 더 나오기 때문이지요. 그래서 다 지은 후에 추가로 주차공간을 확보할 공간이 없습니다. 만약 공간이 있었다면 세대를 더 넣었겠지요.

결국 나중에 주택으로 용도 변경하는 것은 사실상 불가능하게 됩니다. 이해가 되지요?

자, 지금까지 근생 주택에 대해 많은 이야기를 했는데요, 아마 '근생 주택은 절대로 투자해서는 안 되겠구나' 하고 생각했을지도 모르겠습니다. 그러나 이런 많은 제한점과 리스크가 있음에도 실제 신축 근생 주택 세대들은 일반 세대보다 분양되기까지 시간은 확실히 더 오래 걸려도 결국은 분양이 다 됩니다. 어쩌다 1~2개 호실이 남아있는 경우는 가끔 있지만 그래도 언젠가 확인해보면 누군가는 다 삽니다.

그렇다면 이렇게 위험요소가 많은데 단지 몇천만 원 저렴하다는 이유로 투자자들이 '묻지마 투자'를 한 것일까요? 아니면 다 근생 주택인 것을 모르고 호갱이 되어 속아서 산 것일까요?

그렇지 않습니다. 세상에 얼마나 똑똑한 사람들이 많은가요? 심지어 저는 '근생 주택 위주로 보겠다'는 문의를 받은 적도 있습니다. 즉 근생 주택도 신축 분양이라면 투자 가치가 충분히 있을 수 있습니다.

이번에는 투자자 입장에서 좋은 점들을 한번 살펴보겠습니다.

첫째, 단연 저렴한 분양가입니다. '투자'라는 것은 본질적으로 '적은 투자 / 높은 수익'이 기본입니다. 그런 측면에서 바로 위, 아래 세대와 완전히 동일한 면적과 구조의 집을 많게는 수천만 원 저렴하게 분양받을 수 있으므로 충분히 고려해 볼 만한 가치가 있습니다. 또 세입자 입장에서는 큰 불이익이 없으므로 다른 합법 세대와 비교해 볼 때 전세 시세 차이가 있기는 해도 매우 소액인 경우가 많습니다. 그러면 원래 소액으로 투자할 수 있는데, 시작부터 더욱더 소액으로 투자가 가능합니다.

물론 매도 시에는 어려움을 겪게 되겠지만, 앞장에서 언급했던 대로 '무피 투자'의 경우에는 매도가 어렵다는 점이 크게 부담이 되지는 않습니다.

둘째, 근생은 대부분 저층인 경우가 많은데 시설을 일부 정비하고 본래의 용도 대로 사무실로 임대하면 합법적으로 임대할 수 있습니다. 그러므로 무조건 기피해야 할 대상은 아닙니다.

셋째, 취득 시의 세금이 근생 주택은 주택이 아니므로 1.1%가 아니라 4.6%가 적용되어 세금이 많이 부과되고, 중개보수도 주택처럼 0.3~0.4% 수준이 아니라 0.9%를 적용받습니다. 이 차이는 사실 매우 큰 차이입니다. 그러나 신축 분양이면 건축주가 대부분 취득세의 전액이나 50%, 또는 300만 원 정액 등 다양한 방법으로 지원하고, 중개보수 역시 신축 분양의 경우에는 저처럼 받지 않는 경우도 종종 있으니 거의 부담이 되지 않습니다.

넷째, 분양가가 기본적으로 저렴한 반면 지분을 많이 가지고 있는 경우가 생각보다 많이 있습니다. 그래서 몇 년 후 예상되는 땅값으로만 쳐도 분양가를 웃도는 수준의 근생 주택 분양도 종종 볼 수 있습니다. 신축빌라는 사실 지분이 큰 의미가 없습니다. 거래도 실면적 위주로 시세가 형성되기 때문입니다. 그러나 근생 주택은 매도가 어려워 오래 보유해야 하기 때문에 지분이 의미가 있을 수 있습니다. 저는 역삼동에서도 토지 시세만으로 따져 봐도 투자 가치가 있는 수준의 물건이 있어서 투자를 권유한 적이 있습니다.

이렇게 근생 주택은 팔 생각을 버리고 마음 편히 '오래오래 가지고 간다'고 생각하면 훌륭한 투자가 될 수 있습니다. 이런 장단점들을 잘 살펴보시고 투자를 결정하시면 되겠습니다.

빌라 면적 제대로 이해하기

빌라 시장에서 말하는 면적은 우리가 일반적으로 이해하고 있는 아파트 면적과 아주 다릅니다. 그래서 의도하지 않게 속아서 매수하거나, 혹은 일부 나쁜 의도로 그것을 교묘하게 이용해서 분양을 받도록 유도하기도 합니다. 따라서 면적에 대해 충분히 이해하고 있어야 분양사가 제공하는 정보를 정확하게 파악할 수 있습니다.

우선 대부분 알고 있겠지만, 짚어가는 차원에서 아파트 면적부터 보겠습니다.

계약면적(전용면적 + 주거공용면적 + 기타공용면적)		
공급면적(전용면적 + 주거공용면적)		기타공용면적 (관리사무실, 놀이터 노인정 등)
전용면적 (방, 거실, 화장실, 주방)	주거공용면적 (계단, 복도 등)	

아파트 면적은 친숙하니 간단하게만 정리하면 전용면적은

주거를 위해 소유자가 독점적으로 사용하는 공간입니다. 등기부등본에 기재 된 면적이 바로 전용면적입니다. 반면 공용면적은 계단이나 복도와 같이 다른 집과 공동으로 사용하는 부분을 말합니다.

계약면적은 이 공급면적에 기타공용면적을 포함한 면적을 뜻합니다.

실제 아파트 평면도로 설명해 보겠습니다.

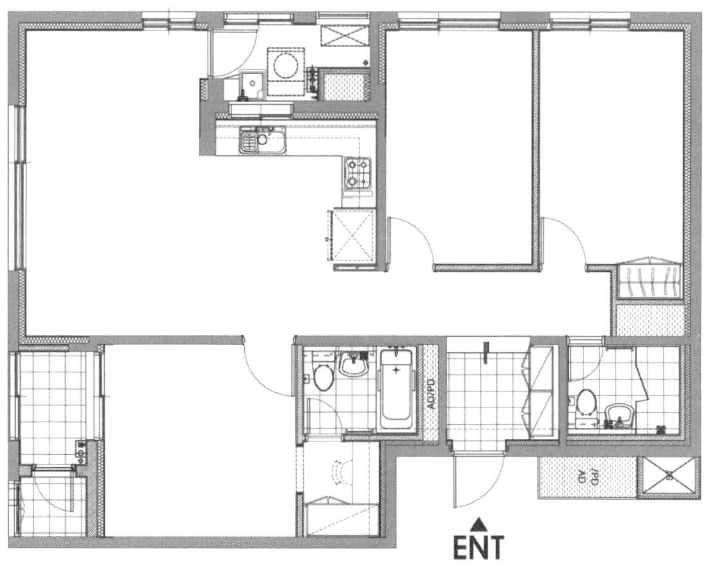

아파트 평면도, 출처 = KT estate

계약면적			서비스 면적
공급면적		기타공용면적	
전용면적	주거공용면적	단지 내 관리사무소/ 노인정 등의 면적을 더한 것	발코니 면적
방/거실/주방/화장실 등의 면적을 더한 것	아파트 계단, 복도 등의 면적을 더한 것		

그럼 이번엔 빌라에서 말하는 면적을 보겠습니다.

빌라에서도 전용면적과 공급면적, 계약면적은 모두 동일한 개념으로 사용합니다. 다만 계약면적은 신축빌라에서는 거의 사용하지 않습니다. 빌라 면적에서 아파트와 가장 다른 점은 '실면적'이라는 개념을 매우 중요하게 사용한다는 것입니다. 실면적은 전용면적에 서비스면적을 더한 면적을 뜻합니다. 여기서 서비스면적은 발코니를 확장한 면적을 말하는데, 아파트에서도 서비스면적이라는 용어를 사용합니다. 그러나 아파트 발코니는 확장하더라도 전체 전용면적에서 차지하는 비중이 매우 적어서 이를 구분하는 실익이 별로 없습니다. 그래서 사람들이 잘 사용하지 않는 것이지요.

(참고로 1.5m 이내의 발코니 확장은 합법입니다.)

그렇지만 빌라는 서비스 면적의 범위기 넓고, 비중이 큰 경우가 많습니다. 특히 대부분의 빌라에 있는 불법 확장 세대의 경우에는 전용면적과 실면적의 차이가 매우 크고, 복층의 경우에는 심지어 전용면적이 10평인데 실면적은 30평인 경우가 생기기도 합니다. 그래서 분양사가 설명하는 '실면적' ○○평이라는 말만 듣고 계약을 했다가 등기부등본상 면적이 훨씬 적어 분쟁이 생기는 경우도 있습니다.

이처럼 아파트와 달리 빌라에서는 '실면적'의 개념이 매우 중요하고, 실제 거래도 거의 실면적을 기준으로 시세가 형성됩니다. 아파트에서는 전용 면적을 물었을 때 20평이라고 한다면 '실제 20평이거나 발코니를 확장했다면 22~23평 정도 되겠네.' 하고 머릿속에 현장 모습이 그려지는데, 빌라에서는 전용 면적이 얼마인지 알아도 실제 현장의 모습은 어떨지 추측할 수가 없습니다.

그래서 반드시 '실면적이 어떻게 되나요?'라고 물어야 합니다. 전용면적과 실면적의 차이가 큰 경우가 많다는 점을 꼭 기억하세요. 여기에 더하여 빌라는 같은 실면적이라도 구조에 따라 시각적으로 느끼는 면적 차이가 큽니다. 그래서 꼭 실면적과 함께 현장도 꼭 눈으로 직접 확인하는 것이 좋습니다.

또 한 가지 빌라 면적에서 알아둘 것이 있습니다. 바로 '평형'이라는 용어입니다.

이 역시 아파트에서는 전혀 문제가 되지 않습니다. '평형'이라는 말은 아파트에서는 공급면적과 거의 동일한 뜻이기 때문입니다. 전용면적과 구분하기 위해 '평'이 아니라 '평형'을 사용합니다. 예를 들어 전용면적이 26평이고 공용면적이 7평인 아파트의 공급면적은 33평입니다. 이를 우리는 '33평형 아파트'라고 표현합니다.

그런데 빌라에서는 '평형'이라는 용어는 전혀 다르게 사용됩니다. 이 차이는 앞서 설명했던 '실면적'이 원인입니다. 빌라는 전용면적이 아니라 실면적에 공용면적을 더한 면적을 '평형'이라고 말합니다. 그래서 같은 '평형'이라면 빌라는 아파트보다 전용면적이 5~7평 정도 적습니다. 예를 들어 32평형 아파트라면 전용면적이 25평 정도인 데 반해 32평형 빌라라면 전용면적이 16평 정도가 됩니다. 물론 실면적은 20평이 넘겠지요.

사실 '평형'이라는 용어를 이런 식으로 사용하는 것은 근거 없는 잘못된 표현이지만, 실제 현장에서는 대부분 이렇게 사용을 하고 있으니 알아 두어야 하겠습니다.

용어가 너무 많이 나와서 정신이 없나요? 세가 표로 정리해 드리겠습니다.

구분	아파트	빌라
전용면적	등기부상 면적	등기부상 면적
공급면적	전용면적 + 주거 공용면적	전용면적 + 주거 공용면적
계약면적	전용면적 + 주거 공용면적 + 기타 공용면적	전용면적 + 주거 공용면적 + 기타 공용면적 ※ 거의 사용하지 않음
서비스면적	발코니 확장면적(합법) ※큰 의미 없음	발코니 확장면적(합법) ※큰 비중을 차지
실면적	거의 사용하지 않음	전용면적 + 서비스면적 + 불법확장
평형	전용면적 + 주거 공용면적 (공급면적과 동일)	실면적 + 주거 공용면적

4. 공인중개사 활용하기

일반 주택과 신축빌라 분양에서의 공인중개사의 역할은 매우 다릅니다. 특히 신축빌라 분양의 경우에는 공인중개사의 역할이 더욱 중요합니다. 대부분 중개사들은 신축빌라 분양 시에 고객에게 중개보수를 받지 않습니다. 건축주와의 협약에 따라 직분양을 하기 때문입니다. 그렇다고 혼자 분양사무실을 찾아간다고 해서 대부분 정찰제인 분양가가 낮아지지도 않습니다. (현장에 따라 1~2백만 원 할인해 주기도 하지만 그런 현장이라면 중개사와 함께 가도 가능합니다.)

겉으로 보기에는 건축주와 하는 계약이라 공인중개사가 하는 일이 뭐가 있느냐고 생각할 수 있지만 아주 중요한 역할을 많이 합니다.

우선 신축 빌라는 등기 전 계약을 하게 되는 경우가 종종 있고, 신탁회사 소유로 된 경우도 많습니다. 등기가 떨어지기를 기다렸다가 계약을 해도 되지만, 시멘트 수준일 때 투자하는 분들도 많다 보니 기다리면 로열 세대는 이미 없는 경우가 많습니다. 저는 시멘트 수준을 넘어 도면만 보고 계약하신 분도 종종 만나니 분위기가 이해되실 것으로 생각됩니다.

그런데 일반적으로 전세나 월세 세입자는 등기가 나기 전이나 집이 완성되기 전에는 계약을 하지 않는 경향이 강합니다. 그러다 보니 세입자를 들이기까지 몇 개월 시간이 소요되는데 그동안 다양한 일들이 발생합니다. 갑자기 생각하지 못한 변수들이 생기기도 하고, 기대했던 시세보다 높게 세입자가 맞춰지기도 합니다. 어떤 때에는 특약 사항에 대한 해석의 문제로 3억짜리 집을 사놓고 5만 원, 10만 원을 서로 양보하지 않아 언성을 높이기도 합니다.

제가 신축 빌라 분양에 투자자분들을 소개하면서 '아, 이거 내가 중간에서 조율을 안 했다면 서로 멱살 잡고 난리가 났겠구나' 하고 생각한 적이 한두 번이 아닙니다.

한 번은 제가 생각하지 못했던 변수가 생겨 갭 차이가 안내해 드렸던 것보다 더 벌어진 적이 있었습니다. 상황에 따라 갭 차이가 조금씩 변동이 되는 것은 종종 있는 일이지만, 이 건은 개인적으로 제가 보기에 수용할 만한 수준을 넘어선다고 판단하여 건축주와 긴 협의 끝에 계약금을 돌려 드리고 계약을 해지할 수 있도록 해 드린 적도 있습니다. 사실 계약금은 이미 계약서를 작성했다면 돌려받지 못하는 것이 기본입니다. 만약 제가 중간에 없고 직접 계약을 한 상황이라면 매우 큰 분쟁이 발생할 만한 상황이지요.

이 사례뿐만 아니라 지면에서는 다 말할 수 없는 수많은 분쟁을 조정했습니다. 제가 대단하거나 공인중개사가 대단해서가 아니라, 제삼자 입장에서 조정을 하기 때문에 감정적이지 않아서,

그리고 자존심을 세우지 않아서 원만하게 합의점을 찾을 수 있는 것입니다.

또한 대부분 분양팀에서 이야기하는 시세는 조금씩 높여 부르는 경향이 있습니다. 빨리 분양을 해야 하니 아무래도 수익률을 조금이라도 높게 책정하고 싶은 심리가 반영되는 것입니다. 그러나 공인중개사는 시세를 정확히 알고, 세입자도 함께 맞춰야 하는 입장이므로 현실적인 시세를 귀띔해 줍니다. 이것도 아주 중요한 역할이 됩니다.

그리고 고객들은 잘 느끼지 못하지만, 분양사도 공인중개사의 그런 역할을 알기에 중개사와 함께 방문하는 고객에게는 함부로 거짓말을 하거나 불법을 숨기거나 하지 못합니다. 고객 혼자인 경우에는 한번 팔고 나면 끝일 수 있지만, 공인중개사와는 지속적으로 관계를 유지해야 다음 건축 현장에서도 도움을 받을 수 있는 입장이라 더욱 그렇습니다.

이렇게 공인중개사와 함께 방문하기만 해도 도움이 된다는 사실은 충분히 가치가 있는 것이지요.

한 번은 한 여성분이 제게 전화로 대뜸 "블로그 보고 역삼동 신축빌라에 관심 있어서 전화했는데요. 공인중개사 자격 있으세요?" 하고 자격 여부를 다짜고짜 물어보신 적이 있습니다. 이 분은 전화 상담 후 실제로 찾아오셔서도, 만나서 인사를 하기도 전에 "공인중개사 자격 있는 거 맞으시죠?" 하셨던 분입니다.

이런 분들이 간혹 있는데 다소 무례하게 느껴지기도 하지만, 오죽하면 그러실까 싶은 마음도 듭니다. 이 여성분도 사무실에 오셨을 때 게시된 자격증을 직접 보여드리며 이야기를 나누다 보니 몇 번 진실하지 못한 무자격 컨설턴트에 속아서 잘못 투자할 뻔 했다고 합니다.

물론 개업 공인중개사 10만 명 시대인 지금, 자격이 그리 큰 의미를 가지지 못할 수도 있고 자격이 있다고 다 좋은 분들은 아니겠지만, 이렇게 고객이 직접 자격을 확인하고 믿어 주실 때는 더 잘 해야겠다고 생각하게 됩니다. 실제로 자격은 법적 책임을 지는 것을 의미하기에 아무래도 조금은 다른 태도를 가지게 되는 것만은 분명한 것 같습니다.

결론은 다른 부동산 거래도 마찬가지겠지만, 특히 신축빌라 분양에서는 꼭 공인중개사를 활용하는 것을 추천해 드린다는 것입니다. 심지어 분양 시에는 보수를 받지 않으니 이런 '무료 서비스'를 마다할 이유가 있을까요?

YG 양현석 대표가 말하는
부동산투자 성공비법

　아직 '공인중개사'라는 직업이 많은 분들에게 좋지 않은 직업으로 비춰지는 것도 사실인데요. 저도 좋은 직장을 그만두고 이 일을 시작할 때 주위에서 반대가 심했습니다.

　"겨우 그런 일 하려고 연세대학교 졸업했냐?", "좋은 대기업 과장 때려치우고 겨우 한다는 일이 공인중개사냐?" 등등 많은 이야기를 들었습니다.

　저는 대기업 인사 업무 경험을 살려 지금도 투자 코칭 외에 별도로 시간을 내어 기업 임직원 대상 강의, 기업 조직개발 컨설팅 등 다양한 활동을 하고 있는데요. 상당히 의미 있다고 생각하는 '부동산 투자 코칭' 일에 대해서는 강의와 다르게 가치를 인정받지 못한다는 것은 마음이 아픕니다.

　그렇기에 더 진실한 마음으로 해보자 하는 생각이 있었습니다. 바가지 씌우는 치과가 많은 요즘, '양심 치과의사'로 유명한 강○○ 원장님처럼, 믿기 힘든 공인중개사가 많은 요즘 '양심 공인중개사'가 되어보려고 합니다.

그런데 '양심 공인중개사'는 어떻게 알 수 있을까요? 바로 자주 방문해서 이야기를 나눠 보는 것입니다. 계약할 때만 잠시 방문하면 진실한 중개사인지 아닌지 분별이 어렵습니다. 꾸준히 방문해 보면 금방 진짜 사람의 모습을 알 수 있기 마련입니다.

YG엔터테인먼트 양현석 대표도 부동산 투자의 노하우를 설명하면서 비슷한 이야기를 한 적이 있습니다. 양현석은 SBS 〈힐링캠프〉에 출연해서 8년 동안 매일 부동산에 들러서 3,500 원짜리 김치찌개를 먹은 것이 지금 부동산 투자의 신이 된 핵심이라고 밝힌 바 있습니다. 여러분들이 공인중개사에 대해서 어떤 생각과 감정을 가졌는지는 중요하지 않습니다. 다만 공인중개사와 친하게 잘 지내는 사람이 투자자로서는 성공한다는 사실을 알아 두시면 좋겠습니다.

저희 사무실에도 최근 이틀에 한 번꼴로 찾아 주시는 분이 계십니다. 특별히 이야기를 나누는 것은 아니고요. 그냥 앞으로 부동산 시장이 어떻게 될 것 같은지, 어느 투자처가 유망한지, 재건축은 요즘 어떤지, 요즘 좋은 물건 나온 것은 뭐가 있는지 등등, 이런 이야기들을 편하게 나누고 돌아가십니다. 저는 그저 커피 한잔 드리고, 묻는 말에 의견을 드리고 제안해드리기만 합니다. 그렇게 몇 개월 되어가니 이제 자녀분들이 어떤 일을 하시는지, 어떤 차를 타고 어디에 사시는지부터 고객님이 예전에 어떤 일을 해 오셨는지까지 다 파악이 되는 수준에 이르렀습니다.

그런데, 그러다 보니 이젠 어떤 좋은 물건이 나오면, '아~ 이건 정 사장님께 추천해드리면 좋겠다. 정사장님 성향과도 맞

구분	위치	시세
주택	연희동	12억
건물	합정동	115억
	서교동	130억
토지	합정동	57억 8000만
	합정동	
	합정동	
	서교동	165억

YG 양현석 대표의 부동산 보유현황(2015년 기준)

겠구나’ 이런 생각을 저도 모르게 하게 됩니다. 최근에도 역삼동과 문정동에 하나씩 투자가치가 있는 꼬마빌딩 매물이 나왔는데요, 여기는 정 사장님 추천해 드리면 좋겠다. 휴가 다녀오시면 말씀드려야지. 이런 생각을 했습니다.

아무래도 공인중개사가 접하는 정보는 다를 수밖에 없습니다. 공인중개사 자격증을 보내야지만 가입할 수 있는 정보공유 카페나 밴드 모임, 단톡방 등등 여러 네트워크를 통해 항상 고급 정보들을 서로 나누고 있기 때문입니다. 이런 정보를 아는 공인중개사들과 자주 만나고 잘 지내는 것만큼 좋은 부동산 투자 공부는 없지 않을까 생각해 봅니다.

꼭 ‘양심 공인중개사’가 아니더라도, 주변에 마음에 맞는 중개사가 있다면 YG 양현석처럼 매일은 못해도 종종 들러서 좋은 인연을 만들어 보시기 바랍니다.

5. 잘 안 팔리는 빌라 제값에 파는 방법

신축빌라 투자는 1~2회 임대차 재계약 이후에는 무피 투자가
되므로 꼭 팔려야 할 텐데 하는 걱정을 할 필요는 없다고 이야기
는 했지만, 그래도 '팔고 싶을 때 파는 비법'을 몇 가지만 소개해
드립니다. (더 좋은 방법들도 있지만 공개된 지면을 통해서는 어렵다는 점은
이해를 부탁드립니다.)

▶ 방법 1. 화장하기

누구나 예쁘게 단장된 집을 좋아합니다. 현장에서 항상 느끼는
것은 본인이 사서 비용을 조금만 투자하면 분명히 예쁘게 단장이
되는데도 이상하게 집은 남이 단장해 놓을 것을 좋아한다는 점
입니다. 그래서 꼭 팔고 싶다면 2~3일이라도 급전을 유통해서 세
입자 만기 후에 공실로 며칠만 기간을 확보하여 간단한 리모델링
만 진행해도 훨씬 수월하게 매도가 됩니다.

전반적으로 모두 수리를 하면 좋겠지만, 비용을 효율적으로 활
용하고 싶다면 단연 투자 1순위는 화장실, 다음이 주방입니다. 그
렇게만 수리하여 깨끗한 상태로 두어도 세입자는 물론, 매도도
훨씬 잘 됩니다.

▶ 방법 2. 소품 활용하기

소품도 매우 중요한 역할을 합니다. 공실로 몇 달간 방치된 집도 도배를 새로 하고 현관에 슬리퍼 하나만 놓아도 계약 성사율이 달라지는 것을 느낍니다. 포인트 벽지나 커튼, 주방에 소소한 소품들만 가져다 놓아도 달라집니다. 제가 늘 강조하는 대로 인간은 '생각하고 판단해서' 결정하는 것이 아니라 '보고 느낀 후' 결정하는 비합리적인 존재이기 때문입니다.

소품을 가장 적극적으로 활용하는 방법은 공실인 상태에서 모델하우스용 가구를 들여놓는 것입니다. 몇몇 어울리는 가구들을 놓고 매수 시 무상으로 제공하는 것도 방법입니다.

▶ 방법 3. 브리핑자료 만들어 공인중개사사무소 제공하기

물건 소개와 입지, 장점, 주변 호재 등에 대해 잘 정리하여 PPT로 제작하거나 인쇄하여 주변의 공인중개사사무소에 제공합니다. 매수자가 나타나면 정보가 시각적으로 잘 표현된 자료로 설명할 수 있어서 확률이 높아집니다. 파일로 중개사들에게 전달하지 말고 인쇄를 하여 직접 방문하여 제공하는 것이 가장 좋습니다. 방문 시에는 그냥 가져다주는 것이 아니라 차를 얻어 마시면서 물건에 대한 설명이나 사진을 직접 보여주는 것이 좋습니다.

저도 좋은 물건은 제가 가거나 소속 공인중개사님을 보내서 좋은 카메라로 직접 찍기도 하지만, 소유자가 가장 좋은 시간,

가장 좋은 컨디션으로 만들어놓고 직접 찍은 사진은 언제나 반갑습니다.

주변의 모든 중개사무소를 다 방문하면 좋겠지만, 전략적으로 방문해야 하는 사무소는 두 종류입니다. 하나는 주변을 돌아보고 가장 목이 좋은 곳에 있는 사무소이고, 다른 하나는 구석에 있더라도 네이버 부동산 등 '부동산 포털'과 한방이나 직방, 다방 등 '부동산 앱'을 확인하여 온라인 홍보 물건이 많은 곳을 공략하는 것입니다. 시간이 없어서 모든 사무소를 들러 보지는 못해도 이 두 곳은 꼭 들러서 이야기를 나누고 정보를 제공해 보시기 바랍니다.

▶ 방법 4. 중개보수를 매수인 몫까지 부담하기

공인중개사도 사람인지라 아무래도 중개보수를 많이 주는 물건은 더 신경을 쓰게 됩니다. 그러나 일반적으로 공인중개사는 공인중개사법의 적용을 받아서 정해진 법정 중개보수를 초과하여 더 받을 수가 없습니다. 특히 신뢰관계가 없이 처음 거래하는 관계라면 더 주고 싶어도 받지 못할 것입니다.

그럴 때는 매수인 몫까지 부담하는 방법이 있습니다. 매도인이 매수인 몫까지 두 배의 중개보수를 부담하고, 매수인은 중개보수를 내지 않는다면 법정 중개보수 초과수수에 해당하지 않습니다 (국토부 유권해석). 이렇게 한다면 아무래도 공인중개사가 더 적극적으로 움직이게 되고 매수인 입장에서도 중개보수 부담이 줄어 매수 의사결정에 도움이 됩니다. 참고해서 고려해 보세요.

참고로, 두 배로 부담하지는 않더라도 절대로 중개보수는 깎아달라고 하지 마세요. 늘 이런 말을 하면 돈 많이 받으려고 그런다고 오해들을 많이 합니다. 한 번만 우겨서 깎아서 지급하고 나면 다음에 그 지역의 집 빼기 정말 어려워집니다. 그런 후에야 후회하지만, 신뢰를 만회하기가 쉽지 않습니다. 매우 귀한 매물이면 모를까 손님이 찾아오면 비슷한 집이 많은데 굳이 또 중개보수 깎일 것이 뻔한 집을 먼저 보여줄 리 없기 때문입니다. 주변에도 보면 늘 중개보수 깎느라고 실랑이를 하는 사람이 많은데, 그렇게 깎고 나면 돈을 번 것 같고 이익인 것 같겠지만 몇 배는 더 손해가 됩니다.

특히 신축빌라에 투자하면서 첫 세입자를 들일 때 중개보수를 무리하게 깎으려고 하면 반드시 후회하게 됩니다. 이걸 알면서도 고객의 돈이 걸려있다 보니 오해의 소지가 있어서 제 입장에서는 중개보수에 대해 함부로 조언하는 것이 쉽지 않습니다. 그래서 저는 투자한 집에 세입자를 제가 중개하게 되면 법적으로 받을 수 있음에도 아예 한 푼도 받지 않습니다.

공인중개사들의 생리를 지면에서 다 공개하기는 어려우나, 한 가지만 명확하게 말씀드리자면, 늘 투자 초보일수록 중개보수를 깎으려 들고, 투자 고수일수록 더 얹어 주려고 한다는 사실입니다. 투자를 많이 해 본 사람이 돈이 넘쳐나서 중개보수를 많이 주려고 그러는 것은 분명 아닐 텐데, 왜 그런지 한 번쯤 생각해 보시기 바랍니다.

▶ 방법 5. 경매로 넘기기

계속 강조하지만, 좋은 입지의 빌라를 매수하고 주택임대사업자 등록을 하면 굳이 꼭 팔아야 하는 이유가 거의 없습니다. 그러나 갑작스럽게 외국으로 이민을 한다거나 반드시 팔아야 하는 일이 생길 수 있습니다. 그리고 입지도 별로 좋지 않고, 기대했던 호재도 무산되었고, 시대의 흐름도 잘못 읽어서 결과적으로 잘못 매수했다고 판단되는 경우도 있을 수 있습니다. 우리가 모든 투자를 항상 성공적으로 할 수는 없겠지요.

이렇게 정말 꼭 급하게 팔아야 하는 상황이 온다면 마지막 카드가 하나 있기는 합니다. 바로 경매로 넘기는 것입니다. 멀쩡한 집을 어떻게 경매로 넘기지? 하고 생각할 수 있지만, 근저당 설정이 되어 있는 집이라면 법원에 경매신청을 하면 됩니다. 근저당이 없다면 은행에서 근저당 설정을 하고 경매 신청을 할 수 있습니다.

특별한 일이 없다면 법원은 근거 채권을 확인하고 감정평가사의 감정 가격을 근거로 매각가격을 산정해 입찰을 진행합니다. 입찰에 들어가면 법원 경매사이트와 신문에 매각물건 등재를 하고 진행하게 되는데 이것이 엄청난 홍보 효과가 됩니다. 왜냐하면 부동산경매 물건은 단순히 이렇게 법원의 공고로 그치는 것이 아니라 유료 경매정보사이트인 지지옥션, 굿옥션, 스피드옥션 등을 통해서 배포되어 자연스럽게 홍보가 됩니다.

게다가 전국에 있는 수많은 경매 학원에서 강사들이 강의 시간에 활용하고 그 과정에서 많은 수강생이 관심을 가지고 무리 지어 임장(현장방문)을 하게 됩니다. 심지어 인터넷 포털 사이트에 '○○동 경매'라고만 쳐 봐도 수많은 '경매 컨설턴트'라는 사람들이 해당 지역의 경매 물건을 자신의 블로그에 홍보하고 있다는 것을 알 수 있습니다.

과연 이보다 좋은 홍보 방법이 있을까요? 단, 큰 단점이 하나 있습니다. 아시는 대로 저렴하게 팔아야 한다는 것입니다. 그러나 예전의 경매와 다르게 서울권에 그리 나쁘지 않은 지역에만 있어도 소형 빌라는 낙찰률이 감정가의 90%가 넘어가니 크게 손해를 보지는 않을 듯 합니다. 그러나 입지가 좋지 않고 대형평형의 빌라라면 60~70% 수준은 각오해야 할지도 모르니 신중할 필요가 있겠습니다.

참고로 경매 컨설턴트 중에 무자격자가 매우 많아서 주의가 필요합니다. 경매의 매수신청 대리는 변호사, 법무사, 법원에 등록한 개업 공인중개사만이 가능하니 알아 두세요.

6. 부동산 세금 절약하는 방법

세금에 관해 이야기하기 전에, '약은 약사에게 / 부동산은 공인중개사에게 / 세금은 세무사에게' 아시지요? 이 장에서는 핵심적인 내용을 중심으로 간략히만 설명하겠습니다.

세법은 늘 수시로 바뀝니다. 그래서 이 책에 기술된 모든 세무 관련 내용은 일부 사실과 다를 수 있습니다. '오늘'의 세법을 가장 잘 아는 사람은 현직 세무사 뿐입니다. 그러므로 각 개별 상황에 따른 절세 방안에 대해서는 반드시 세무사를 찾아 정확하게 상담 받으시기 바랍니다.

(본 장은 세무회계 〈진솔〉의 강진희 대표 세무사가 감수하였습니다.)

부동산 관련 세금은 매우 중요합니다. 어떻게 처리하는지에 따라 달라지는 금액이 워낙 커서 항상 신경을 써야 합니다. 그래서 투자에서 세금 이야기를 빼놓을 수 없는데요. 특히 빌라 투자에 있어서 세금 부분은 면제와 감면 요건이 많아 반드시 확인하는 것이 좋습니다.

우선 간단히 부동산 관련 세금을 정리해 보겠습니다.

구분	국세	지방세
취득	농어촌특별세 부가가치세	취득세 지방교육세
보유	종합부동산세 농어촌특별세	재산세
임대	임대소득세	지방소득세
양도	양도소득세 부가가치세	지방소득세
무상이전	상속세 증여세	취득세 교육세 지방교육세

취득할 때와 보유할 때, 그리고 임대할 때와 양도할 때 모두 세금을 내야 합니다. 우선 취득 시에 발생하는 세금부터 보겠습니다. 빌라 투자자의 입장에서 취득세를 절감할 수 있는 가장 좋은 방법은 주택임대사업자로 등록하는 것입니다.

지금까지 다주택자들이 주택임대사업 등록을 하지 않은 것은 임대료나 임대 기간에 대한 간섭이 귀찮기 때문이기도 했지만, 가장 큰 부분은 단연 소득 노출에 대한 우려입니다. 소득 노출은 곧 소득세 납부와 이어지니 좋을 것이 없지요.

그렇다면 실제로 주택 임대사업자는 얼마나 등록하고 있을까요? 다음 그래프를 보면 2010년 3만 4천 명 수준이었던 주택임대

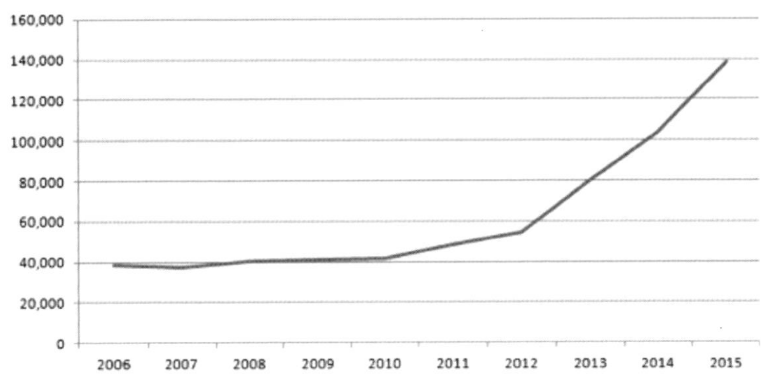

주택 임대사업 등록자 추이, 자료 = 국토교통부

사업자가 2015년 약 14만 명에 이르렀습니다. 그래프의 기울기가 보이시죠? 급격히 늘어난 것처럼 보이지만, 실제로는 전체 다주택자 187만 명 중 이제 겨우 7% 정도만 등록한 수준입니다.

결국 정부 입장에서는 훌륭한 세수 확보처 마련과, 어쩌면 전월세 상한제 효과까지도 있는 주택 임대사업 등록이 매우 환영할 만한 일인 것입니다. 그리고 주택임대사업자 관련 법규는 수시로 개정되고 변경 기한도 정해진 바 없습니다. 이는 정부의 뜻대로 언제든 조절할 수 있다는 뜻이기도 합니다.

실제로 2018년 들어서 주택임대사업 등록자는 급격히 늘어나고 있습니다.

주택임대사업을 하게 되면 다양한 세제 혜택과 함께 의무 임대기간을 반드시 유지해야 합니다. 그렇지 않을 경우, 그동안 감면

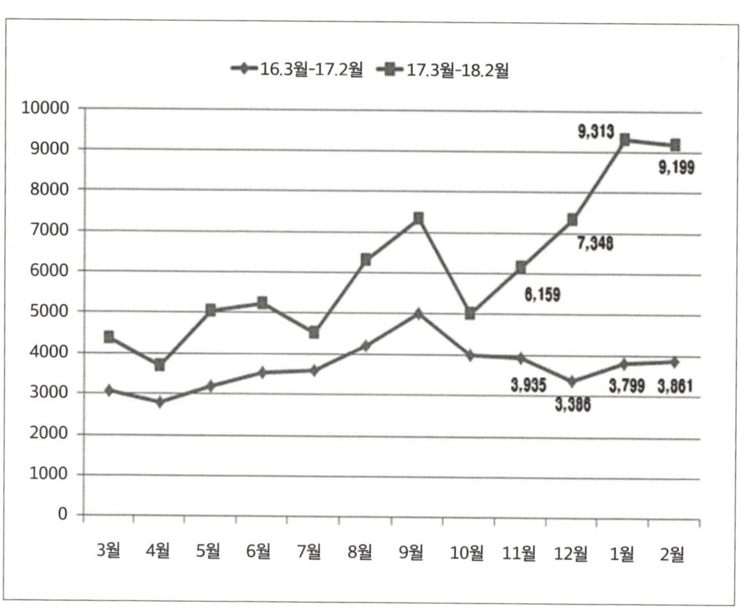

임대주택사업자 등록 추이, 자료 = 국토교통부, 출처 = 파이낸셜뉴스

받은 세금을 토해내야 하는 것은 물론, 그와 별도로 1천만 원 이하의 과태료가 부과됩니다.

그러면, 제가 투자자분들께 추천해 드리고 있는 투자용 신축빌라는 임대사업자 등록 시 어떤 혜택이 있을까요?

❖ **의무 기간 내 꼭 팔아야 한다면?**
의무기간 이내라도 다른 임대사업자가 임대사업을 하려는 사람에게 양도하는 것은 가능합니다. 이 경우 지위를 승계받는 매입자는 기존의 임대 사업 기간을 뺀 나머지 기간 동안 사업을 유지하면 됩니다.

우선 최초취득(분양)한 주택을 임대주택으로 등록하면 전용 60m^2 이하일 경우 취득세가 면제됩니다. 투자용 빌라는 거의 모두 60m^2 이하이므로 면제된다고 보면 됩니다. 다만 금액에 따라 차이가 있어서 완전히 면제는 안 될 수도 있으나 부과되어도 납부할 세액의 25% 수준이므로 상당 부분 감면받을 수 있습니다.

간혹 임대사업자 등록은 여러 가지 세금 혜택을 노리고 부부가 공동으로 하는 경우가 있는데요. 이 경우에는 남편과 아내 둘 다 임대사업자로 등록하는 것이 아니라 '등록' 자체를 공동으로 해야 합니다. 사업자인데 '사장님'이 두 명이라고 생각하면 되겠습니다. 그러나 주택임대사업자를 등록하고 임대소득이 1원이라도 발생하면 직장인이 아닌 경우에는 지역 건강보험에 가입되어 꽤 큰돈을 매달 납부해야 하는 사태가 발생합니다.

따라서 남편이 직장인이라 아내가 남편의 직장건강보험에 함께 들어가 있는 경우라면 부부 공동으로 할 경우 아내가 별도 지역 건강보험으로 빠지게 되어 혹 떼려다 혹 붙일 수 있으므로 신중하게 살펴보고 해야 하겠습니다.

다음은 보유할 때 발생하는 세금이 있습니다. 대표적으로 종합부동산세와 재산세가 있습니다. 이 역시 주택임대사업자로 등록할 경우 종합부동산세는 공시가격 기준으로 수도권은 6억 원 이하, 지방은 3억 원 이하일 경우 종합부동산세 대상에서 제외됩니다. 빌라 투자자 입장에서는 6억 원을 초과하는 빌라는 투자 측면에서는 적절하지 않은 물건이므로 해당 사항이 없겠습니다. 즉, 종부세는 낼 일 없다고 생각해도 됩니다.

다만, 2017년 12월 13일 발표된 임대주택 활성화 방안에 따라 2018년 4월부터 새롭게 변경되어 지금은 종합부동산세를 감면받기 위해서 8년 동안 임대사업에 사용하여야 하니 그 점만 유의하시면 되겠습니다.

재산세 역시 주택임대사업자에게 혜택을 주는데요. 2채 이상 등록하면(2017년 12월 발표된 임대주택 활성화 방안에 따라 2019년부터는 1채만 등록해도 가능) 재산세 면제가 가능하고, 재산세가 전용 60㎡ 이하 기준으로 50%가 감면됩니다. 준공공일 경우에는 40㎡ 이하라면 면제가 되고요.

구분	주택임대사업자(4년)	준공공임대사업자(8년)
전용면적 40㎡ 이하	25% 감면	재산세 면제
전용면적 40~60㎡ 이하	25% 감면	75% 감면
전용면적 40㎡ 이하	50% 감면	50% 감면

임대할 때 발생하는 세금도 있습니다. 이 역시 주택임대사업자로 등록할 경우 전용 85㎡ 이하(지방은 100㎡ 이하)이고 공시가격이

6억 원 이하일 경우 소득세가 감면됩니다. 그보다도 임대 소득이 2천만 원 이하일 경우에는 완전히 면제되니 1~2채 보유 정도라면 소득세를 내는 일은 없을 것입니다. 다만 2천만 원 이하의 소득세 면제는 2018년까지 한시적으로 적용되는 규정이고, 2017년 12월 13일 발표된 임대주택 활성화 방안에 따라 2019년부터는 연 2천만 원 이하 임대소득에 대해서도 과세가 되는데 분리과세 한다는 점이 특이점입니다.

임대주택으로 등록하면 분리과세 때 적용하는 '필요경비율'이 현행 60%에서 70%로 높아집니다. 필요경비율은 매출의 일부를 경비로 인정하는 것이라 비율이 높아지면 세금 부담이 줄어든다고 보면 됩니다.

이 기준을 적용하면 2천만 원 이하라고 해도 연 임대소득이 1,333만 원까지는 소득세 대상에서 제외가 되겠습니다. 반면 임대주택을 등록하지 않으면 필요경비율이 오히려 50%로 축소돼 800만 원까지만 소득세를 면제받을 수 있게 됩니다.

임대 소득	현행		변경 후	
	임대등록	미등록	등록	미등록
1,000만	0	0	0	14만
1,500만	7만	28만	2만	49만
2,000만	14만	56만	7만	84만

또 부부 공동명의로 할 경우 인별 합산이므로 더 많이 보유해도 면제 범위에 들어가게 되겠습니다.

마지막으로 양도할 때 발생하는 세금입니다.

2018년	
과세표준	세율(%)
1,200만 원 이하	6
1,200만 원~4,600만 원	15
4,600만 원~8,800만 원	24
8,800만 원~1억5천만 원	35
1억5천만 원~3억	38
3억~5억	40
5억 초과	42

우리가 익숙하게 알고 있는 양도소득세입니다. 여기에 2018년 4월 1일부터 2주택은 10%포인트, 3주택은 20%포인트가 추가됩니다. 양도소득세에서 주택임대사업자에게 가장 중요한 부분은 현재 거주하고 있는 주택을 매도할 때 임대주택은 주택 수 산정에서 제외한다는 점입니다. 수도권 6억 원 지방 3억 원 이하일 경우 거주하는 주택 외의 주택이 모두 임대주택이라면 거주하는 주택은 2년 거주 시에 양도소득세가 면제되기 때문에 매우 중요

합니다.

그 외에도 장기 보유한다면 일반적인 장기보유특별공제에서 추가로 더 공제 혜택을 받을 수 있습니다.

양도소득세는 주택임대사업 외에 빌라 투자자 입장에서 볼 때 절세할 수 있는 부분이 있습니다. 양도소득세 과세표준 구간은 양도 물건 기준이 아니라 연간 매도한 모든 물건의 양도차액을 합산한 금액을 기준으로 하는데요, 덩치가 큰 아파트라면 선택권이 없겠지만 소형 빌라 여러 개를 보유하고 있다면 매도 일정을 짤 때 해를 달리하여 매도하게 되면 과세표준 구간이 매우 줄어들게 되어 합법적으로 양도소득세를 크게 절약할 수 있습니다.

반드시 양도소득세를 계산해 보고 과세표준 구간을 확인하면서 매도 시점을 정해야 불필요한 지출을 막을 수 있습니다.

이제 주택임대사업자 관점에서 종합적으로 정리해 보겠습니다. 2017년 12월 13일 발표한 임대주택 등록 활성화 방안 내용을 보면 가장 명확하게 정리가 됩니다.

	현행	변경후	시행시기
재산세	-재산/취득세 감면 2018년 일몰 -2채 이상 임대주택 등록해야 25~75%감면 -공동주택, 오피스텔만 감면	-감면 기간 2021년 연말까지 연장 -8년 이상 임대 시 1채만 등록해도 감면(전용 40㎡ 이하) -감면 대상에 다가구 추가	2019년
임대소득세	-연 임대소득 2천만 원 초과 시 종합과세 -3채 이상 등록해야 30%(4년 임대), 75%(8년 임대) 감면	-1채 이상만 등록하면 감면	2018년
	-2019년부터 연 임대소득 2천만 원 이하 사업자에 분리과세 - 필요경비율 60% 적용	-임대 등록 시 필요경비율 70%로 상향, 미등록자는 50%로 하향	2019년
양도소득세	-8, 9년 임대 시 양도세 50% 공제(준공공임대 기준)	-8년 이상 임대하면 70% 공제	2019년
	-5년 이상 임대 시 양도세 중과 배제	-8년 이상 임대해야 배제	2018년 4월
종합 부동산세	-5년 이상 임대 시 종부세 합산 배제	-8년 이상 임대해야 배제	2018년 4월
건강 보험료	-감면 혜택 없음	-건보료 임상분 40%(4년 임대), 80% 감면(8년 임대)	2019년 소득부터

'임대주택 등록 활성화 방안' 주요 내용(2017. 12. 13. 발표), 출처 = 중앙일보

단 1채를 분양 받더라도, 가능하면 주택임대사업자 등록을 권장합니다.

참고로 2018년부터 달라지는 부동산 제도를 실어 둡니다.

시행(추진)제도 및 법	시기	내용	대책
재건축 초과이익 환수제 재시행	1월 1일	▶재건축사업으로 발생한 개발이익금을 부과율 기준에 의거 환수	2006년 3.30 대책
분양권전매 양도세 강화	1월 1일	▶조정대상지역 내 거래시 보유기간 상관없이 50% 세율 ▶1월 1일 이후 양도하는 분양권부터 적용	8.2 주택시장 안정화 방안
총부채 상환비율 도입시행	1월	▶소득, 부채 산정방식 개선- 주택담보대출 시 모든 주담대 원리금과 기타 대출이자를 합산 ▶심사는 최근 2년간 증빙소득, 장래 증가 예상 소득 파악	금융회사 여신심사 선진화방안
부동산임대업 여신심사 강화	3월	▶부동산 임대업 사업자 대출시 임대수익 이자상환비율(RTI) 산출해 대출심사	금융회사 여신심사 선진화방안
양도세 중과, 장기보유 특별공제 배제	4월 1일	▶2주택 이상 다주택자 조정대상지역 내 주택 양도시 2주택자 10%, 3주택 이상 20% 양도세율 증과 ▶4월 1일 이후 양도하는 주택부터 적용	8.2 주택시장 안정화 방안
생애단계별, 소득수준별 맞춤형 주거지원	상반기	▶청년주택 공공지원주택 도입 ▶저소득, 취약계층 공적임대주택 41만호 공급 ▶무주택 서민, 실수요자 공공지원주택 도입 ▶신혼부부 분양주택 특별공급 확대 ▶특별공급제도 개선	주거복지 로드맵
협력적 주거복지 거버넌스 구축	상반기	▶사회주택 활성화 관련법, 제도 정비	주거복지 로드맵
DSR(총체적상환 능력심사제) 도입	하반기	▶차주의 상환능력 심사-모든 가계 대출의 원리금 상환액 파악	금융회사 여신 심사 선진화방안
오피스텔 전매 제한기간 강화	연내	▶투기과열지구, 조정대상 지역 내 전매금지 ▶투기과열지구, 조정대상 지역 내 거주자 우선분양 20%	8.2 주택시장 안정화 방안
오피스텔 인터넷 분양	연내	▶일정세대 이상 규모(300실 이상)	8.2 주택시장 안정화 방안
다주택자 임대 주택등록 유도	연내	▶세제, 기금, 사회보험 등 인센티브 강화 ▶등록 임대주택은 다주택자 중과 및 장기보유특별공제 배제 대상에서 제외	8.2 주택시장 안정화 방안

2018년 하반기 시행(추진) 예정 부동산 관련 제도 및 법, 자료 = 부동산인포, 출처 = 영남일보

임대등록시스템
'렌트홈' 활용하기

렌트홈 홈페이지 : https://www.renthome.go.kr

2018년 3월까지는 주택임대사업자 등록을 하려면 본인 거

주지 시, 군, 구청과 본인 거주지 세무서를 방문하고 임대조건

신고를 위해서 이번에는 본인 거주지가 아니라 물건지의 시, 군, 구청에 방문해야 했습니다. 매우 번거로운 시스템이었지요.

그런데 2018년 4월부터 임대등록시스템이 개편되어 편의성이 크게 높아졌습니다. 이제는 원스탑 서비스로 '렌트홈' 한 곳에서 모든 처리가 가능하게 되었습니다. 렌트홈은 2018년 4월 2일 오픈해서 첫선을 보였습니다.

이렇게 6가지를 개선했다고 합니다.

❶ 임대사업자등록신청 시 국세청 면세사업자등록신청을 일괄 신청(통합서식 제공)

❷ 건축물대장 정보를 연계하여 면적, 용도, 동, 층, 호등 정확한 정보 등록

❸ 임대사업자등록신청 시 입력한 사업자 및 임대주택정보를 조회하여 중복입력을 방지하고 자료의 정합성 확보

❹ 전입, 전출 시 자동으로 임대사업자등록사항변경신고 신청 및 처리

❺ 부동산거래관리시스템과 연계하여 신고된 정확한 임대료 및 보증금 정보 등록

❻ 양도신고 이후 양수인이 임대사업자등록신청 및 등록사항변경신고 시 양도한 임대주택 및 임대차 계약정보를 승계하여 임대차 계약 금액 및 계약기간 등 확보

렌트홈 사이트 내에서 클릭 몇 번으로 임대사업 관련 거의 모든 일을 처리할 수 있습니다. 우선 그동안 주민등록 주소지에서만 임대사업자 등록신청, 변경신고 등이 가능하였으나 이제는 임대주택 소재지에서도 등록할 수 있게 됩니다. 별도로 방문해야 했던 세무서도 자동으로 이송되어 연계 신청되니 이제 갈 필요가 없습니다.

지난 2018년 3월까지는 임대사업자가 지자체에 '민간임대주택법'에 따른 사업자 등록을 하고 세무서를 별도로 방문하여 '소득세법'에 따른 사업자 등록을 해야 하는 불편이 있었지요.

주민등록 전출입에 따른 사업자등록 변경신고 절차도 쉬워집니다. 등록 사업자가 이사를 가면 전입신고 외에 별도로 사업자 등록 변경신고를 또 해야 했었는데 이 절차가 없어졌습니다. 렌트홈에서 주기적으로 실시간 정보를 가져온다고 합니다.

이렇게 홈페이지 내에서 임대주택 등록신청, 변경신고, 양도허가신청, 임대차 계약 신고, 임대차 계약 변경신고 등을 모두 처리할 수 있고, 직관적으로 쉽게 민원신청을 할 수 있게 되어 있습니다.

임대인과 임차인에 대한 혜택도 상세히 설명되어 있네요.

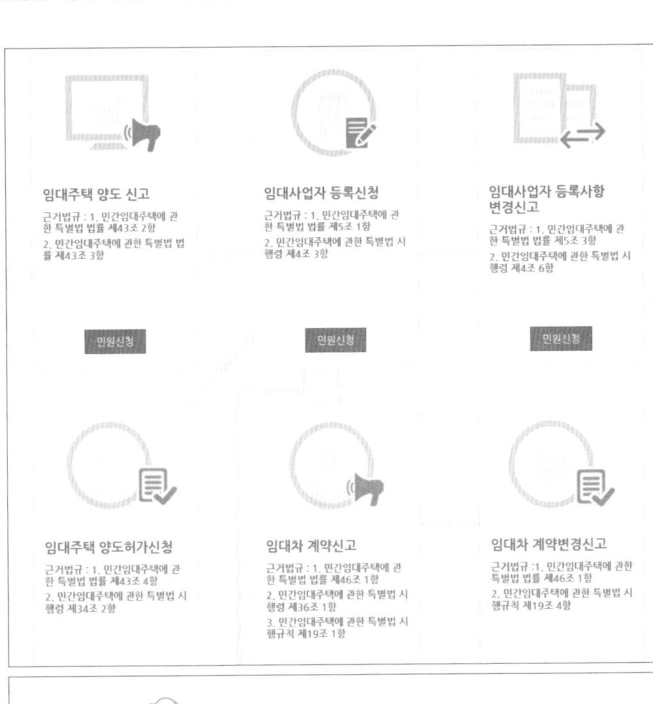

임대주택 양도 신고
근거법규 : 1. 민간임대주택에 관한 특별법 법률 제43조 2항
2. 민간임대주택에 관한 특별법 법률 제43조 3항

임대사업자 등록신청
근거법규 : 1. 민간임대주택에 관한 특별법 법률 제5조 1항
2. 민간임대주택에 관한 특별법 시행령 제4조 3항

임대사업자 등록사항 변경신고
근거법규 : 1. 민간임대주택에 관한 특별법 법률 제5조 3항
2. 민간임대주택에 관한 특별법 시행령 제4조 6항

민원신청
민원신청
민원신청

임대주택 양도허가신청
근거법규 : 1. 민간임대주택에 관한 특별법 법률 제43조 4항
2. 민간임대주택에 관한 특별법 시행령 제34조 2항

임대차 계약신고
근거법규 : 1. 민간임대주택에 관한 특별법 법률 제46조 1항
2. 민간임대주택에 관한 특별법 시행령 제36조 1항
3. 민간임대주택에 관한 특별법 시행규칙 제19조 1항

임대차 계약변경신고
근거법규 :1. 민간임대주택에 관한 특별법 법률 제46조 1항
2. 민간임대주택에 관한 특별법 시행규칙 제19조 4항

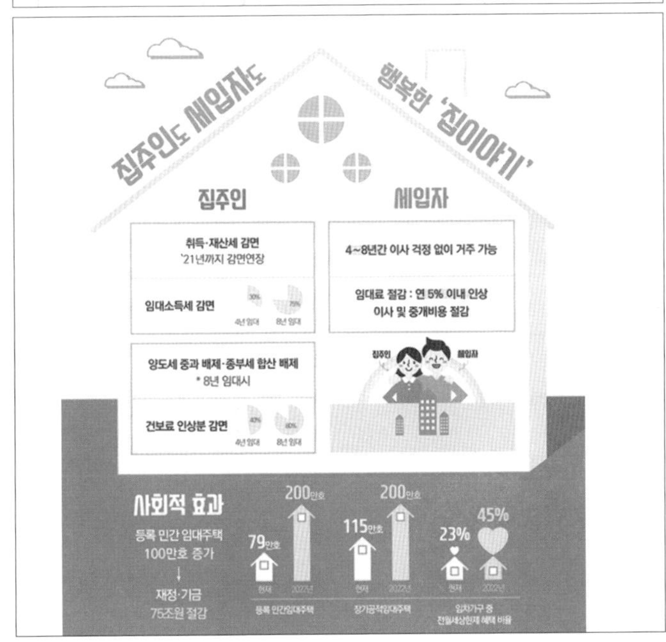

집주인도 세입자도
행복한 '집이야기'
집주인
세입자
취득·재산세 감면
'21년까지 감면연장
4~8년간 이사 걱정 없이 거주 가능
임대소득세 감면
30%
75%
4년 임대
8년 임대
임대료 절감 : 연 5% 이내 인상
이사 및 중개비용 절감
양도세 중과 배제·종부세 합산 배제
* 8년 임대시
건보료 인상분 감면
40%
80%
4년 임대
8년 임대
집주인
세입자
사회적 효과
등록 민간 임대주택
100만호 증가
↓
재정·기금
75조원 절감
200만호
200만호
79만호
115만호
23%
45%
현재
2022년
현재
2022년
현재
2022년
등록 민간임대주택
장기공적임대주택
임차가구 중
전월세상한제 혜택 비율

이제 투자를 한다면 왠지 임대사업자 등록을 꼭 해야 할 것
만 같습니다. 그 외에도 렌트홈에서 임대주택 찾기 탭을 클릭
하면 어디에 임대주택이 있는지, 단기임대인지 준공공임대인
지 모두 공개가 됩니다.

아래는 강남구 역삼동의 다세대주택 임대주택을 검색해 본
예시입니다.

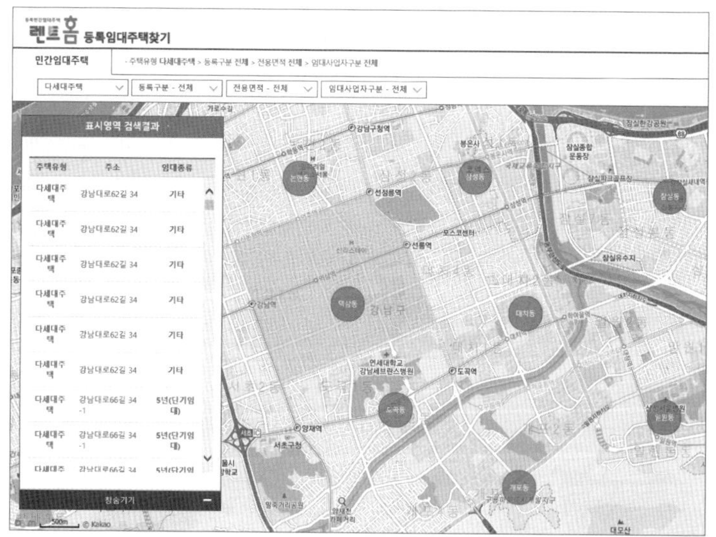

이번에는 송파구 잠실동 갤러리아팰리스를 검색해 보았습
니다.

이렇게 동, 호수까지 모두 공개가 됩니다. 이제는 제 고객이
임대사업자 등록을 했는지 아닌지를 물어보지 않아도 알 수
있게 되었습니다. 임차인 입장에서도 내가 사는 집이 어떤 조
건인지 확인할 수 있어서 도움이 될 수도 있겠습니다.

그런데 너무 많은 정보가 공개되는 것은 아닌가 하는 생각
도 함께 듭니다. 임대주택에 거주하고 있다면 주변 사람들이
주소만 알면 자가로 거주하는지, 전세로 거주하는지, 바로 노

출이 된다는 점에서 불편해할 분들도 분명히 있을 듯합니다.

그럼에도 불구하고 렌트홈은 임대사업자는 등록을 쉽게 할 수 있고, 세입자는 등록임대주택에 관한 정보와 혜택을 쉽게 검색할 수 있고, 지자체는 관할 지역의 민간임대주택을 편리하게 관리할 수 있으니 활용 가치는 클 것으로 예상됩니다.

모두의 희망대로 좋은 시스템으로 자리 잡을지 좀 더 지켜봐야 하겠습니다.

용어 정리
– LTV, DTI, DSR

LTV, DTI, DSR은 부동산 투자자가 꼭 이해해야 하는 용어입니다. 용어별 정의는 인터넷에 정보들이 많으니 실제 적용했을 때의 예시를 포함해서 이해하기 쉽게 요약해 보겠습니다.

사실 쉬운 것 같아도 막상 사례를 가지고 따져보면 생각보다 아리송할 때가 있습니다. 특히 처음 부동산 투자에 입문하시는 분들은 꼭 알아야 할 용어이니 참고하시면 도움이 될 것 같습니다.

먼저 LTV입니다.

■ LTV(Loan Value Ratio)
담보인정비율. 금융기관이 부동산을 담보로 하여 돈을 빌려줄 때 담보 물건의 실제 가치 대비 대출금액 비율을 뜻한다. 즉 집값 대비 최대 어느 정도까지 돈을 빌려줄지 정해놓은 비율을 말한다.
참고로 은행은 실거래가 아닌 KB시세를 기준으로 한다.

> **[예시]**
> LTV가 50%라면 4억 원의 아파트를 담보로 돈을 빌릴 경우
> 최대 2억 원까지 대출받을 수 있다.

이제 LTV는 이해가 되셨지요? 3가지 용어 중 가장 쉬운 개념입니다.

다음은 DTI 개념을 볼까요?

■ **DTI(Debt To Income)**

총부채상환비율. 총소득에서 부채의 연간 원리금 상환액이 차지하는 비율을 말한다. 금융기관들이 대출금액을 산정할 때 대출자의 상환능력을 검증하기 위하여 활용하는 개인신용평가시스템과 비슷한 개념이다. 즉 주택담보대출의 연간원리금 상환액과 다른 부채의 연간이자 상환액 합을 연소득으로 나눈 비율이다. 주택담보대출에 비해 소득에 따른 상환능력을 더 엄격하게 따진다.

> **[예시]**
> DTI가 40%라면 연간 소득이 5천만 원일 경우 총 부채의 연간 원리금 상환액이 2천만 원을 초과하지 않아야 대출이 가능하다.

DTI는 연간 원리금 상환액이 DTI 비율을 초과하지 않아야 한다는 말이 조금 이해가 어려울 수 있는데요. '연간' 원리금 상환액이니 대출 기간을 늘리면 연간 원리금 상환액이 줄어들어 대출받을 수 있는 금액이 늘어나게 됩니다. 자금이 다소 여유가 부족하다면 이 점을 활용하시면 됩니다.

이렇게 설명해 드려도 잘 모르시겠다면, DTI 계산기를 통해 실제로 한번 계산을 해보면 금방 이해가 됩니다.

DTI 계산기는 금융소비자보호처 홈페이지(http://consumer.fss.or.kr)에서 왼쪽 아래쪽에 표시해둔 금융 계산기를 클릭하시면 됩니다.

금융소비자보호처 홈페이지 : http://consumer.fss.or.kr

금융 계산기를 클릭하시면 다음 화면이 나옵니다.

금융거래계산기-01

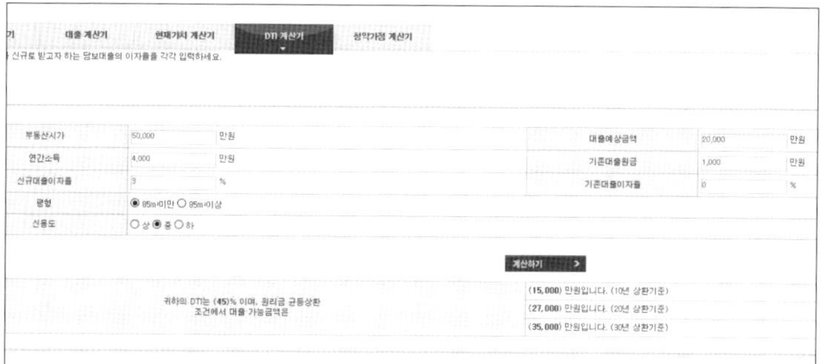

금융거래계산기-02

제가 예시로 한번 입력해 보았습니다. 말씀드렸던 대로 상환 기준을 10년~30년, 어떻게 하느냐에 따라 대출 금액이 달라지는 것을 확인할 수 있습니다.

자, 이제 LTV와 DTI까지 이해가 되셨지요?

마지막으로 정리해 드릴 용어는 DSR인데요. DSR 도입 여부에 대한 찬반을 떠나 사실 가계대출이 618조로 지속해서 늘어나는 추세라 대책 마련이 필요한 것은 분명한 듯합니다.

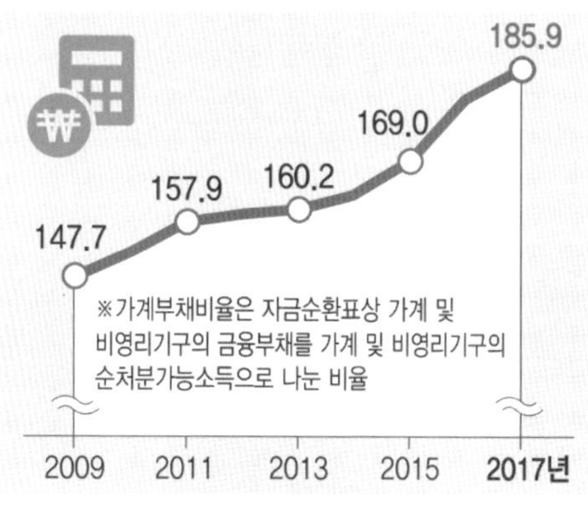

가계부채비율 증가 추이
자료 : 한국은행 금융통계정보시스템 (단위 : %)

그럼 DSR에 대해 살펴보겠습니다.

■ DSR(Dept Service Ratio)
총부채원리금상환비율. 소득 대비 연간 대출원리금 상환액이 차지하는 비율을 의미한다. 주택담보대출과 기타부채의 원리금 상환액 모두를 반영하므로 DTI보다 더 엄격한 기준으로 따지게 된다. 즉 신용대출이나 카드론, 자동차 할부금 등이 모두 반영된다는 뜻이다.

DSR은 DTI와 유사해 보이기도 하지만, 가장 큰 차이는 DTI는 주택담보대출의 원리금 상환액과 다른 대출의 '이자 부담'만을 반영한 것이라면 DSR은 주택담보대출의 원리금 상환액과 다른 대출의 '원리금 상환액'을 모두 반영한 것이라는 점입니다. 한 단계 더 대출이 까다로워진다는 의미가 되겠습니다.

7. 좋은 투자 물건 고르는 법

어떤 기준으로 신축빌라에 투자하는 것이 좋을까요?

1) 초등학교 근처

빌라는 학군이 좋은 지역의 아파트 입주가 어려운 실수요자층이 두터운 영역인 만큼 초등학교와의 위치가 아주 중요합니다. 직선 거리뿐만 아니라 신호등 있는 도로를 몇 개 건너야 하는지, 몇 차선 도로인지 등에 따라 시세가 많이 달라지므로 꼭 확인해야 합니다.

실제로 학교까지 가는 길에 큰 도로가 있고 없고에 따라서 수요층이 많이 달라집니다.

초등학교가 바로 내려다보이는 신축빌라 현장
©티움부동산연구소

2) 역세권

역세권은 신축빌라뿐만 아니라 어떤 부동산에 투자하더라도 관심을 가져야 할 부분입니다. 그러나 문제는 역세권이 중요하다는 것은 누구나 알고 있다는 것입니다. 누구나 알고 있다는 것은 그

지하철역에서 도보 2~3분 거리에 위치한 신축빌라
현장, ©티움부동산연구소

만큼 시세에도 이미 반영이 되어 있다는 것을 뜻하기도 합니다.

우선 역세권이라는 것은 역을 중심으로 대략 1km 이내로 5~10분 도보거리 이내 지역을 의미합니다. '같은 가격'이라면 역세권이 좋은 것이야 당연하겠지만, 말씀드린 대로 역세권 프리미엄은 이미 시세에 반영되어 있으므로 그만큼 더 많은 비용을 지불해야 한다는 것을 의미하니 모두에게 좋은 것은 아닙니다.

특히 실거주가 목적이고, 초등학생 자녀가 있는 분들은 오히려 역세권을 고집하기보다 집에서 조용하고 편안한 휴식을 취하며 공원과 초등학교 주변의 빌라가 훨씬 좋습니다. 어르신 분들은 노인복지회관이나 지역주민센터 인근이 더 좋을 것이고요.

일반적으로 투룸의 경우에는 조금 비용이 더 투자되어도 도보 10분 이내의 역세권을 우선적으로 고려하는 것이 좋고, 쓰리룸의 경우에는 주변에 초등학교가 있는 지역에 투자하는 것을 추천해 드립니다.

3) 여유 있는 주차장

빌라는 주차장 확인이 꼭 필요합니다. 예전과 다르게 건축법이 많이 강화되어 주차 문제는 신축빌라의 경우 매우 좋아졌지만 그래도 아직 주차가 부족한 신축빌라들도 종종 있습니다.

여유 있는 주차공간의 신축빌라 현장, ⓒ티움부동산연구소

그리고 주차공간과 함께 겹주차로 주차해야 하는 대수가 얼마나 되는지 확인하는 것도 필요합니다. 특히 기계식 주차는 가능하면 피하는 것이 좋습니다.

또한 좋은 입지일수록 주차가 100% 되는 현장은 거의 보기 힘들기 때문에 주변의 대체 주차공간 여부를 확인하거나 세대 구성을 살펴보면 도움이 됩니다. 원룸이나 투룸 세대가 많으면 주차가

더 수월하겠지만 쓰리룸 세대가 많으면 다소 어려움이 있을 수 있
겠지요.

4) 단지형 빌라

단지형 신축빌라 현장, ©티움부동산연구소

아파트도 '나홀로아파트'가 단지 아파트에 비해 상승 여력이
부족한 것처럼, 빌라도 가능하면 단지형이 더 가치가 높습니다.
아파트처럼 대단지형 빌라는 드물어 찾아보기 힘들지만 2, 3개
동 빌라는 종종 나오니 눈여겨볼 필요가 있겠습니다. 물론 1개 동
짜리 빌라도 좋은 곳들이 많으니 전문가를 통해 추천받는 것을
권장합니다.

마지막으로, 투자 관점에서 빌라 투자는 매매 시세가 얼마나

되는지보다 주변 아파트와의 시세 차이가 큰 지역을 중심으로 고려하는 것이 좋다는 점도 기억해 두세요. 이렇게 어느 측면에서 보나, 인기 지역으로 접근하는 것을 추천해 드립니다.

빌라 투자는
꼭 강남에만 해야 하나요?

제 사무실로 찾아오신 한 고객분의 이야기를 해드립니다. 요점을 먼저 이야기하자면, 강북 지역의 신축빌라 몇 곳에 투자했는데 제 블로그를 보니 강남 지역에만 신축빌라를 추천하는 것 같아서 혹시 잘못 투자한 것이 아닌가? 불안하기도 하고, 향후 투자 방향에 대해서도 조언을 구하려고 찾아오셨다고 합니다. 현재 상황을 여쭤보니 강북 쪽에 투자 목적으로 3~4개 정도 신축빌라를 분양받았다고 합니다.

이 고객분처럼 제가 주로 '강남구 / 송파구 / 서초구'를 중심으로 투자처를 많이 소개해 드리다 보니 오해를 받는 경우가 종종 있습니다. 대표적인 경우가 강남에만 투자해야 하는 것처럼 오해하는 경우입니다. 어떤 고객분은 강남에만 투자해야 한다는 것은 이미 철 지난 '강남 불패 신드롬' 아니냐? 하며 비난을 하기도 하셨지요.

이는 큰 오해입니다. 강남 3구 외의 지역이 투자 가치가 떨어지거나 시세차익이 기대되지 않는다고 주장하는 것은 아닙니다. 실제로 부동산 전체 시장을 놓고 보면 최근 몇 년 동안 강남지역보다 더 많이 오른 지역은 많습니다. 굳이 강남 지역이 아니라도 강북, 강서 등 투자자 입장에서 충분히 투자 수익을 거둘 곳이 많이 있습니다. 강남권은 시세도 무거워 소액 투자자가 시선을 주기에 부담스러운 면도 있고요. 저도 잘 알고 있으며, 실제로 제가 비강남권 지역을 추천해 드리고 직접 현장을 함께 방문하여 계약을 한 사례도 꽤 됩니다.

그런데도 제가 신축빌라 투자에서 강남 3구를 중심으로 추천하는 것은 단순히 '강남이라서'가 아니라 여러 가지 이유가 있기 때문입니다.

▶ 이유 1. 빌라 시장은 아파트와는 완전히 다른 시장입니다.

대부분 사람들은 직장 등의 이유로 어떤 지역에 살고 싶다고 가정했을 때, 아파트라면 재정적 상황에 맞게 전세를 구하던가 매수를 고려합니다. 이때 '매수를 고려한다'라는 것은 아주 자연스러운 우리나라 국민의 정서입니다. 예로부터 '내 집 마련'이라는 것이 외국보다 워낙 강한 키워드이기 때문이지요.

그래서 사실상 '전세 수요'와 '매수 수요'가 완전히 구별되는 시장은 아닙니다. 전세로 살다가 재정적 여유가 생기면 매수를 하기도 하고요. 현재 전세로 있어도 언젠가는 '내 집 마련' 해야지 하고 생각을 하는 잠재적 매수 수요자이기도 하지요. 물론 지역에 따라 전세 수요와 매수 수요가 구분되기도 하지만 일반적으로 그렇다는 이야기입니다.

그런 탓에 좋은 지역의 아파트일수록 전세가율은 낮을 수밖에 없습니다. 전세가와 매수가가 크게 차이가 나지 않는다면 '조금 더 투자해서 사는 게 낫겠다' 하고 생각하는 것이 자연스럽기 때문이지요.

그러나 빌라의 경우는 '전세 수요'와 '매수 수요'가 완전히 다릅니다. '빌라'라는 부동산 영역은 그동안 아파트에 들어갈 재정적 여유가 되지 않아서 차선으로 선택한 주거지라는 인식이 매우 강했습니다. 그러다 보니 '지금은 전세 살지만, 나중에 집 살 때는 아파트 사야지' 하는 사람들이 많고, 또한 건축법이 개정되기 전인 2002년 이전에는 주차 기준이나 건축 기준이 워낙 낮은 수준이라 실제로 부실건물들도 많고 주차도 매우 불편했었는데, 그때의 인식이 남아있기 때문이기도 합니다.

하지만 빌라 거래는 꾸준히 이루어지고 있고, 2017년에는 처음으로 빌라 거래량이 아파트 거래량을 앞지르기도 했습니다.

그렇다면 누가 빌라를 살까요? 정확히 MECE(중복 없이, 누락 없이)하게 구분했는지는 모르겠지만, 크게 3가지로 구분됩니다.

A : 해당 지역에 살고 싶은데 적은 비용으로 '내 집 마련'을 하고 싶은 실수요자

B : 갭투자를 하거나 월세 수익을 얻고자 하는 투자자

C : 그냥 아파트가 싫고, 빌라에 살고 싶은 실수요자

우선 C는 개인 취향이니 논의의 영역에서 제외하고요. A와 B는 당연한 이야기지요?

그런데 말입니다. 해당 지역이 '시세 상승이 예상되느냐, 그렇지 않으냐'에 따라 A와 B는 이렇게 바뀝니다.

[시세 상승이 예상되는 경우]

A : 해당 지역에 살고 싶은데 적은 비용으로 내 집 마련도 하고, 시세차익도 기대하는 실수요자

B : 시세 상승으로 금방 갭투자금 회수가 가능할 것을 기대하거나, 월세 받고 있다가 '오르면 팔아야지' 생각하는 투자자.

[시세 상승이 예상되지 않는 경우]

A : 해당 지역에 살고 싶은데 집값은 오르지 않겠지만, 그래도 꼭
　　내 집 마련을 하고 싶은 실수요자

B : 집값은 오르지 않아도 월세 받으면서 '그냥 오래 보유하자'라고
　　생각하는 투자자

자, 문장을 고쳐 쓰고 보니 어떤 경우가 당연히 수요층이 많을까요? 너무 당연한 이야기 같지요? 당연히 시세 상승이 기대되면 매수 수요는 증가하겠지요. 하지만 제가 중요하게 생각하는 부분은 바로 '기울기'입니다. 무슨 이야기냐 하면, 앞서 언급했던 대로 아파트와 빌라는 전혀 다른 패러다임으로 움직이는 시장입니다. 기본적으로 시세 상승이 기대되면 매수 수요는 증가하기 마련이지만, 그 기울기는 매우 다릅니다.

다시 말하여 아파트 매수 수요는 '내 집 마련'에 대한 기대, '쫓겨나지 않고 산다'라는 인식, 그리고 '주변 사람들의 시선' 등으로 인해 시세 상승이 그리 예상되지 않아도 매수 수요층이 기본적으로 탄탄합니다. 심지어는 집값이 오르지 않을 것을 모두가 아는 아파트인데도 매수하는 사람들이 많이 있으니까요. 반면 빌라 매수 수요는 그렇시 못하기 때문에 시세 상승 기대치에 따라 더 많이 휘둘리게 됩니다.

결국 빌라 매수 수요는 시세 상승이 예상되지 않는 지역의 경우에는 아파트보다 수요층이 급격하게 얇아지는 특징을 보이게 됩니다. 수요층이 두터워지려면 실수요와 가수요가 더해져야 큰 동력을 받습니다. 그러나 빌라의 경우 기본적으로 가수요 층이 적은데 시세 상승이 '확신을 가질 만큼' 기대되지 않는다면 가수요 자체가 형성되지 않기 때문입니다.

이를 그래프로 그리면 아래와 같이 표현할 수 있습니다.

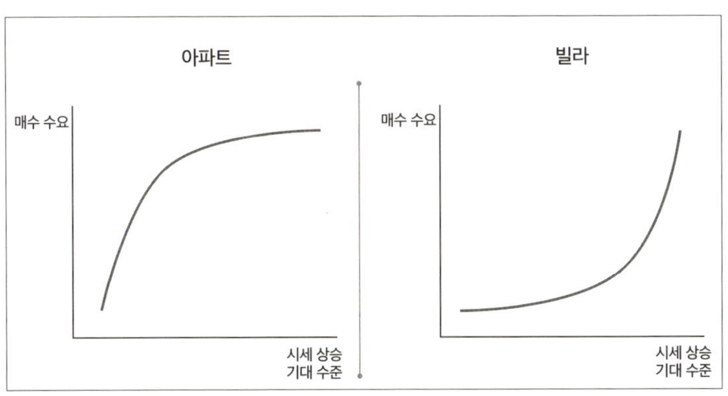

시세 상승 기대 수준에 따른 매수 수요 변화 비교 ©티움부동산연구소

이제 이 그래프가 이해가 되지요?

물론, 이 그래프는 구체적인 데이터 분석 결과 없이 제가 추정한 것일 뿐 사실과 다를 수 있습니다. 그러나, 서울에서 웬만한 지역의 아파트는 교통이 크게 좋지 않은 '나홀로아파트'라고 해도 대부분 매매가는 전세가와 1억 이상의 갭, 입지가 좋

은 지역은 기본 2~3억을 보이지만, 빌라는 위치가 조금만 좋지 않아도 매매가와 전세가가 5백 정도의 갭을 보이거나 심지어 마이너스 가격인 경우도 있다는 점은 이를 뒷받침해주는 근거가 된다고 생각합니다.

같은 이유로 시세 상승이 기대되는 강남권 지역에서는 5백~1천 정도의 갭을 보이는 빌라는 찾아볼 수 없고, 보통 3천~5천 정도 또는 그 이상을 유지합니다.

중요한 점은 수요층이 얇아진다는 것은 나중에 팔 때 빠져나오기 어렵다는 것을 의미하기 때문입니다. 물론 꼭 팔아야 할 필요는 없다고 강조하지만, 그렇더라도 빌라 투자는 아파트와 달리 항상 투자할 때와 나올 때를 함께 고민해야 합니다. 아파트는 잘 팔리지 않으면 1~2천 호가를 낮추어 급매하면 매수자가 나타나지만, 개별성이 강한 빌라는 일단 집이 마음에 들어야 하므로 가격을 조금 낮춘다고 매수자가 바로 붙지 않기 때문입니다.

만약에 "그럼 비강남권은 시세 상승이 다 기대되지 않는다는 뜻이냐?"라는 질문이 하고 싶으시다면 제가 설명이 부족했던 모양입니다.

말씀드렸던 대로, 강남권보다 더 많이 오른 지역들이 많습니다. 앞으로 유망한 지역들도 많고요.

그럼 이제 비강남권 빌라 시장에 관해 얘기해 보겠습니다.

▶ 이유 2. 비강남권 지역의 주택 시장은 오르는 지역과 그렇지 않은 지역이 명확히 구분됩니다

이는 매우 중요하게 생각해야 할 부분입니다. 모든 지역이 오르는 곳은 오르고, 그렇지 않은 곳은 그렇지 않겠지만, 비강남권 지역은 그 차이가 명확히 구분됩니다. 제가 여기서 말하는 '지역'이라는 것은 넓은 지역을 말하는 것이 아닙니다. 예를 들어 "앞으로 용산구, 광진구가 호재가 많으니 시세 상승이 기대된다"는 수준의 내용이 아닙니다. '빌라' 시장은 계속 말씀드리지만, 아파트와 다릅니다. 같은 동이며 역과의 거리가 같더라도 주변 환경이 어떤지, 편의시설이 어떻게 되는지, 어느 초등학교에 배정을 받는 지역인지, 어느 아파트와 붙어 있는지 등에 따라 시세가 많이 달라집니다. 이렇게 빌라는 매우 좁은 지역적 특성이 반영되어 시세를 형성하게 됩니다.

그래서 제아무리 부동산 전문가라고 해도 서울의 모든 지역의 모든 동네를 다 알 수가 없으며 안다고 하더라도 계속 동네 분위기가 모니터링되어야 하는데 사실상 불가능합니다. 그렇기 때문에 지역을 한정할 수밖에 없는데, 그런 점에서 일반적으로 '시세 상승 기대 수준'이 높은 강남 3구를 중심으로 추천을 드리는 것입니다.

만약 여러분들이 생각하시기에 '숲을 보는 측면'에서 전체적으로 호재가 있는 지역 내에 있고, 그다음 '나무'를 보는 관점으로 '내가 이 동네에서 10년 넘게 살고 있는데 이 동네는 저쪽 블록이 가장 인기 있고, 살고 싶은 동네지' 하는 곳에 빌라가 있다면, 그곳이 강남이든 아니든 당연히 투자해도 좋을 것입니다.

앞서 소개한 고객분도 직접 오래 살고 계신 강북 지역의 역세권 빌라만을 투자하셨고, 저보다 해당 지역의 시세나 흐름을 잘 알고 계셔서 투자 잘 하셨다고 말씀드렸습니다.

결론적으로, 제가 '강남 지역의 신축빌라 투자'를 주로 추천해 드리는 이유는 '강남에만 투자해야 성공한다'가 아니라, '강남지역 투자가 시세 상승 기대 수준이 높으니 가장 안전하고 향후 기대 수익률이 높다'에 더 가깝습니다.

그리고 또 한 가지, 위 내용들은 모두 차익형 접근 관점에서 말씀드린 것입니다. 월세를 통해 수익형으로 투자하시려는 분들은 비강남권 지역이 더 적합할 수 있습니다. 투자금액은 상대적으로 적으면서 월세 수익률은 오히려 강남권보다 높기 때문입니다. 수익률이 높으니 잘 오르지 않더라도 목적에 따라, 그리고 개인 상황에 따라 더 적합할 수도 있겠습니다.

빌라는 몇 층,
어느 향이 좋은 집인가요?

과연 빌라는 몇 층이 좋은 층일까요? 정답은 다소 싱겁지만, '내가 좋은 층'이 가장 좋은 층입니다. 그래도 빌라의 층별로 장단점이 있으니 나의 기준에서 가장 좋은 층을 선택하면 좋겠습니다.

1. 꼭대기 층

꼭대기 층은 여름에 덥고, 겨울에 춥나고 생각하시는 분들이 많습니다. 그러나 최근 빌라는 워낙 잘 지어서 이제는 크게 고려하지 않아도 되는 수준입니다. 꼭대기 층의 큰 장점은 층간소음에서 벗어난다는 점입니다. 그리고 옥상을 사용한다는 점도 좋은 점이지요. 일부 빌라는 단독으로 사용하게 하기도 하고, 공동으로 사용하는 옥상이라고 하더라도 아래층 사람들은 실제로 거의 사용하지 않아서 내 집 마당처럼 쓰는 경우를 흔히 볼 수 있습니다.

반면 옥상 방수와 배수구가 잘 시공되어 있는지는 확인하는 것이 하자 예방에 도움이 됩니다.

2. 최저층

최저층은 대부분 상층보다는 선호도가 떨어집니다. 그러나 1층에 비해 필로티 2층은 또 다른 의미를 가집니다. 가장 저층이지만 최근 신축빌라의 추세는 대부분 필로티 구조가 많으므로 실제로는 2층인 경우가 많습니다.

1층을 기피했던 큰 이유 중 하나는 지나다니는 사람들에게 집 내부가 노출되어 사생활 보호가 잘 안 된다는 점입니다. 필로티 2층은 일단 그 부분에서는 벗어나게 되니 큰 단점 하나가 없어진 셈입니다. 꼭대기 층과 반대로 층간소음에서 벗어나지는 못하지만, 아이가 있을 경우 아이들에게 뛰지 않도록 주의를 주지 않아도 되고 아랫집에 신경 쓰지 않아도 되는 것이 가장 큰 장점입니다.

또 하나의 큰 장점은 분양가입니다. 모든 신축빌라가 그런 것은 아니지만 대부분 가장 낮은 층은 분양가가 5백만 원에서 2천만 원까지 저렴합니다. 이렇게 분양가는 차이가 나는 반면 전세 가격은 거의 차이가 없는 것이 일반적입니다. 그래서 투자자 입장에서는 투자 비용이 줄어들게 되어 일부러 최저층만 찾는 분들도 있습니다.

그러면 이제 방향 이야기를 해 보겠습니다. 어느 방향이 좋은 방향일까요? 아마 남향이라고 생각하는 분들이 많을 것입니다. 실제로 상담을 하다 보면 항상 어느 방향을 물어보시는 분들이 많습니다.

사실 빌라에서는 '향'이 크게 중요하지 않습니다. 물론 아파트에서는 당연히 중요하지요. 그런데 왜 빌라에서는 '향'이 중요하지 않다고 하는 것일까요?

그것은 '향'이 중요한 이유를 생각해 보면 당연합니다. 예로부터 우리가 집을 볼 때 왜 '향'을 따지기 시작했을까요? 바로 '빛' 때문입니다. 그러나 아파트와 다르게 빌라는 앞, 뒤, 옆이 아파트처럼 시원하게 시야가 확보되지 않는 경우가 훨씬 많습니다. 심할 때는 창을 열고 팔을 뻗으면 옆집 주민과 물건을 건넬 수 있는 수준이지요. 그래서 '향'보다 '빛'이 훨씬 중요한 개념입니다.

아파트는 동간 거리가 기본적으로 확보가 되어 있어서 '향'이 곧 '빛'을 의미하지만 빌라는 전혀 다른 개념입니다. 남향인지, 북향인지, 서향인지가 중요한 것이 아니라 '빛이 잘 들어오는지'가 중요한 것이지요. 물론 남향이면서 창을 열면 시원한 뷰가 펼쳐지고 채광까지 좋다면 더없이 좋겠지만 그런 현장은 매우 드뭅니다.

그래서 남향, 북향을 따지기보다는 북향이라도 앞이 뚫려 있고 시원한 뷰가 보이는 곳이 바로 향과 상관없이 '로열세대'가 됩니다.

실제로 그런 집이 북향이라도 분양가가 조금 더 높게 책정이 됩니다. 그렇기 때문에 향이 어디인지를 보기보다 실제 채광이 어떤지, 시야가 막히지 않은 곳이 안방인지 거실인지, 이런 부분을 더욱 중요하게 살펴보는 것이 좋은 집을 선택할 수 있는 팁이 되겠습니다.

부록

현장 방문 체크리스트와 투자결정표

현장 방문 체크리스트와
투자결정표

빌라 투자 현장을 방문할 때 참고하실 수 있도록 티움부동산 연구소의 체크리스트 항목을 공개합니다.

일반적으로 대중의 눈으로 보았을 때 중요하다고 평가하는 항목을 중심으로 체크리스트를 구성했으므로, 활용할 때의 중요한 점은 '내가 중요하게 생각하는 영역'에 비중을 두고 판단하는 것이 중요합니다. 모든 항목을 만족하는 부동산 현장은 존재하지 않기 때문입니다.

다음 체크리스트를 통해 현장을 보고 우선 체크를 합니다. 2~3곳의 현장만 봐도 돌아서면 '어느 집이었는지' 혼란스러울 수가 있으므로 현장에서 바로바로 체크하기를 권합니다.

만약 공인중개사와 함께 방문한 경우에는 바로 봐둔 집으로 돌아가지 말고, 중개사 사무실로 함께 이동하여 체크한 내용을 검토하면서 궁금한 점을 추가로 물어보는 것이 더 좋습니다. 하

구 분		확인사항	확인사항	확인사항
건물개요	이름			
	외관	□세련됨 □보통 □회색조	□세련됨 □보통 □회색조	□세련됨 □보통 □회색조
	단지	□1개동 □2개동 □3개동 □4개동↑	□1개동 □2개동 □3개동 □4개동↑	□1개동 □2개동 □3개동 □4개동↑
	필로티	□여 □부	□여 □부	□여 □부
	세대별주차	□60%↓ □80% □100%↑	□60%↓ □80% □100%↑	□60%↓ □80% □100%↑
	무인택배함	□유 □무	□유 □무	□유 □무
	엘리베이터	□유 □무	□유 □무	□유 □무
	보안시스템	□유 □무	□유 □무	□유 □무
	출입 도로	□여유 □보통 □좁음	□여유 □보통 □좁음	□여유 □보통 □좁음
외부조건	층	총 __층 중 __층	총 __층 중 __층	총 __층 중 __층
	호수			
	향	□동 □서 □남 □북	□동 □서 □남 □북	□동 □서 □남 □북
	일조권	□밝음 □보통 □어두움	□밝음 □보통 □어두움	□밝음 □보통 □어두움
	조망권	□시원 □보통 □막힘	□시원 □보통 □막힘	□시원 □보통 □막힘
	불법확장	□여 □부	□여 □부	□여 □부
내부구조	집 구조	실평수 ___평 / __R __T	실평수 ___평 / __R __T	실평수 ___평 / __R __T
	거실/방 비중	□거실이 넓은 구조 □방이 넓은 구조	□거실이 넓은 구조 □방이 넓은 구조	□거실이 넓은 구조 □방이 넓은 구조
	주방	□분리 □통합 □ㄱ자 □ㄷ자 □-자 □창문 □후드	□분리 □통합 □ㄱ자 □ㄷ자 □-자 □창문 □후드	□분리 □통합 □ㄱ자 □ㄷ자 □-자 □창문 □후드
	거실 화장실	□부스 □샤워기 □욕조 □창문 □환기설비	□부스 □샤워기 □욕조 □창문 □환기설비	□부스 □샤워기 □욕조 □창문 □환기설비
	안방 화장실	□부스 □샤워기 □욕조 □창문 □환기설비	□부스 □샤워기 □욕조 □창문 □환기설비	□부스 □샤워기 □욕조 □창문 □환기설비
	다용도실	□보일러실겸용( )개 □세탁실겸용( )개	□보일러실겸용( )개 □세탁실겸용( )개	□보일러실겸용( )개 □세탁실겸용( )개
	기타시설	□야외발코니 □개별창고 □알파룸 □기타____	□야외발코니 □개별창고 □알파룸 □기타____	□야외발코니 □개별창고 □알파룸 □기타____
옵션	기본옵션	□에어컨:천장( )개/벽걸이( )개 □냉장고 □세탁기 □오븐 □스타일러 □인덕션 □가스레인지 □전자레인지 □붙박이장 □TV □신발장 □책상 □기타____	□에어컨:천장( )개/벽걸이( )개 □냉장고 □세탁기 □오븐 □스타일러 □인덕션 □가스레인지 □전자레인지 □붙박이장 □TV □신발장 □책상 □기타____	□에어컨:천장( )개/벽걸이( )개 □냉장고 □세탁기 □오븐 □스타일러 □인덕션 □가스레인지 □전자레인지 □붙박이장 □TV □신발장 □책상 □기타____
	유상옵션	□붙박이장( )만원 □기타________	□붙박이장( )만원 □기타________	□붙박이장( )만원 □기타________
교통	버스	버스정류장 도보 ( )분	버스정류장 도보 ( )분	버스정류장 도보 ( )분
	지하철	지하철역 도보 ( )분	지하철역 도보 ( )분	지하철역 도보 ( )분
	학교	초등학교 도보 ( )분 ______ 도보 ( )분 ______ 도보 ( )분	초등학교 도보 ( )분 ______ 도보 ( )분 ______ 도보 ( )분	초등학교 도보 ( )분 ______ 도보 ( )분 ______ 도보 ( )분
	기타			
투자수익	분양가			
	전세예상	전세______만원 갭______만원	전세______만원 갭______만원	전세______만원 갭______만원
	월세예상	보증금______만원 월______만원 대출______만원 수익률____%	보증금______만원 월______만원 대출______만원 수익률____%	보증금______만원 월______만원 대출______만원 수익률____%

현장 방문 체크리스트 ©티움부동산연구소

지 않는 것은 자유지만, 마음에 드는데 어떤 집을 해야 할지 고민이라면 당일에 결정하는 것이 좋습니다. 당일에 결정하면 대부분 기간이나 조건 등에서 협상이 훨씬 더 잘 되는 경향이 있으니 참고해서 진행해 보세요.

또한 결정할 때에는 체크리스트를 기준으로 본인이 중요하게 생각하는 항목에 가중치를 두어 아래 표와 같이 채점을 해 보면 조금이라도 합리적으로 의사결정을 하는 데 도움이 됩니다.

구분			투자 후보군							
	기준	비중	A		A		A		A	
나의 평가 기준	B	C	D	E	D	E	D	E	D	E
	합계	100								
순위			F	F	F	F				

* 나의 최종 결정:

제가 누차 강조한 대로 인간은 늘 '생각하고, 판단하고' 결정하는 것이 아니라 '보고, 느끼고' 결정하는 비합리적인 특성이 있는 존재이기 때문에, 가능한 합리적인 결정을 돕고자 이 방법을 개발했습니다. 이렇게 해도 결국은 자신의 점수와 상관없이 '하고 싶은 집'으로 결정하는 경우도 많았지만, 그래도 누군가에게는 큰 도움이 될 것으로 생각합니다.

그럼 작성 방법을 간단히 설명하겠습니다.

우선 A 항목에 방문한 현장을 적습니다.

다음 체크리스트를 보기 전에, 내가 투자할 집을 결정할 때 중요하게 생각하는 기준을 B 항목에 기록합니다.

중요한 점은 실거주하면서 투자하실 분이라면 내가 중요하게 생각하는 기준을 기재하면 되겠지만, 투자만 하실 분들은 내가 직접 살 집이 아니라는 점을 명확하게 인지하고 세입자의 입장에서 일반적인 대중의 눈에서 기준을 고려해 보는 것이 좋습니다.

다음 C 항목에는 각각의 기준에 대하여 비중을 기재하는데, 비중의 합은 100이 되도록 합니다.

그리고 D 항목에는 각 기준별로 5점 만점으로 해당 현장의 점수를 부여합니다.

그러면 E 항목에 비중과 점수를 곱하여 넣습니다. (C X D = E)

그렇게 합계를 보면 F 항목에 순위를 적어 확인할 수 있습니다.

이렇게 한눈에 보면 나의 최종 결정을 하는 데 도움이 될 것입니다.

실제 작성한 예시를 한번 보겠습니다.

구분			투자 후보군					
	기준	비중	초코팰리스 502호		윤세윤우빌 301호		지행파크타운 203호	주현카운티 404호
나의 평가 기준	분양가/갭	40	4	160	4	160	4	160	3	120
	조망권	30	3	90	5	150	4	120	2	60
	안방크기	10	5	50	2	20	1	10	4	40
	주차편의	20	2	40	4	80	5	100	3	60
	합 계	100		340		410		390		280
순위			3		1		2		4
* 나의 최종 결정: 윤세윤우빌 301호									

예시를 보면 '초코팰리스'부터 '주현카운티'까지 각각의 투자 후보군 4개를 기재했습니다. 평가 기준은 사람마다 모두 다르겠지만, 여기서는 분양가, 조망권, 안방 크기, 주차 편의를 중요하게 생각하는 투자자를 예시로 했습니다.

물론 기준은 이보다 많아도 되고 적어도 됩니다. 다만 실제로 해보면 적어도 3~4개 이상은 되는 것이 평가에 도움이 됩니다. 각각의 기준에 또 비중을 설정합니다. 분양가, 조망권, 안방 크기, 주차 편의는 각각 40, 30, 10, 20으로 비중을 두었네요.

당연히 정답은 없습니다. 개인마다 자신의 주관적 가치에 따라 비중을 설정하는 것입니다.

합계만 100이 되면 됩니다.

이 기준에 따라 각 현장마다 점수를 매겨 봅니다.

예를 들어 초코팰리스는 갭이 적어 실투자금이 상대적으로 적다고 판단하여 분양가 / 갭 항목을 5점 만점에 4점을 주었습니다. 다음 조망권은 거실 창을 열면 앞에 바로 4층 건물이 있어서 조금 답답했지만, 5층이라 반쯤만 가려지고 위로는 시야가 가리지 않고 멀리까지 잘 보여서 3점을 주었고요. 다음 안방 크기는 11자 장롱도 들어가는 크기라 5점으로 책정했습니다. 마지막으로 주차 편의는 세대별 주차대수가 65% 정도라 2점을 주었습니다.

이렇게 하여 점수를 내니 총 340점이 됩니다. 이런 식으로 다른 현장도 모두 계산을 해 보니 '윤세윤우빌'이 1등이 됩니다.

물론, 이 점수표로 1등이 나왔다고 꼭 여기에 투자할 필요는 없겠지만, 판단하는 데 큰 도움이 되니 잘 활용해 보세요.

직장인들의
실제 투자 사례들

빌라의 시세가 지속 상승하고 있다는 정부의 통계는 이미 책 여러 곳에서 제시해 드렸습니다. 공식 통계 자료와 경제 흐름 그리고 1인 가구 수의 증가 등 사회적 흐름까지 모두 설명을 했습니다.

이제 책이 끝나가는데 아직도 '빌라가 정말 오를까?'라고 생각하신다면 그것은 이제 논리적 판단에 근거한 것이 아니라 개인적 감정에 근거한 것으로 볼 수 있겠습니다.

그런 분들을 위해 이 책을 마무리하면서 실제로 투자한 사람들의 사례를 몇 가지만이라도 보여드리는 것이 도움이 될 것 같아 소개합니다. 일부러 특별한 사례를 찾은 것이 아니라 주변에서 흔히 볼 수 있는 일반적인 사례들이라는 점을 알려 드립니다. 투자 결과는 양도소득세 등 세금은 제외하고 표기했습니다.

※ 이 사례들은 제가 직접 중개한 물건이 대부분이나, 커뮤니티 등을 통해 서면으로 제공 받은 내용도 일부 포함되어 있어서 사실과 다른 부분이 있을 수 있습니다. (2018년 이후 최근의 투자 사례는 저자 블로그(coachingegg.blog.me)를 통해 확인할 수 있습니다.)

서울시 송파구 문정동
○○번지

매수시기	2014년 7월
구조	3 룸 / 2 화장실
분양가	2억8천만 원
전세가	2억5천만 원 *2016년 7월부터 2억 7천만 원
갭	3천만 원 *2016년부터 1천만 원
매도시기	2017년 12월
매도가	3억2천5백만 원
투자결과	투자금 : 3천만 원 매도시점 투자금 : 1천만 원 시세차익 : 4천5백만 원

서울시 서초구
양재대로 2길 100-11

매수시기	2014년 8월(2012년 분양계약)
구조	오픈형 원룸
분양가	2억
전세가	실거주
갭	3천만 원 *2016년부터 1천만 원
매도시기	2017년 7월
매도가	2억8천만 원
투자결과	시세차익 : 8천만 원

매수시기	2017년 10월
구조	2룸 / 1 화장실
분양가	2억6천만 원
전세가	2억4천만 원
갭	2천만 원 (분양 시 약 3천만 원 예상으로 브리핑 해드렸으나, 분양계약 후 세입자 구하는 동안 시세 상승하여 2천만 원으로 계약 완료)
2018년 2분기 시세	입주 초기라 아직 정확한 시세는 없으나 전세 시세는 오르는 중임

서울시 광진구 구의동 ○○번지 ⓒ티움부동산연구소

매수시기	2018년 5월
구조	2룸 / 1 화장실
분양가	2억7천만 원
전세가	2억4천만 원
갭	3천만 원 (분양 시 약 3천5백만 원 예상으로 브리핑 해드렸으나, 분양계약 후 세입자 구하는 동안 상승하여 3천만 원으로 계약완료)
2018년 2분기 시세	입주초기라 아직 정확한 시세는 없으나 같은 면적 다른 세대 2억 5천만 원으로 전세 거래되는 등 상승 중임

서울시 송파구
문정동 ○○번지,
©티움부동산연구소

매수시기	2015년 6월
구조	3룸 / 1 화장실
분양가	2억9천5백만 원
전세가	2억7천만 원
갭	2천5백만 원 *2017년 6월부터 갭 : 5백만 원
매도시기	2018년 4월
매도가	3억3천만 원
투자결과	- 첫 투자금 2천5백만 원 - 매도시점 투자금 5백만 원 - 시세차익 3천5백만 원

서울 지역 외에도 투자할 수 있다는 점을 설명해 드리고자 수도권 빌라 사례를 추가합니다. 그러나 서울 강남권보다 투자금이 적은 만큼 오름폭도 적을 수 있다는 점은 알아두세요.

경기도 시흥시 정왕동
○○번지
©티움부동산연구소

매수시기	2012년 4월
구조	3룸 / 1 화장실
매매가	9천3백만 원
갭	실거주
매도시기	2016년 5월
매도가	1억1천5백만 원
투자결과	시세차익 2천2백만 원

끝으로, 이 사례를 확인하는 과정에서 서면 및 대면 면담을 통해 나눈 대화를 2가지 질문으로 요약하여 간략히 소개합니다.

(A, B, C 모두 위에 소개된 사례의 당사자들입니다.)

질문 1. 빌라 투자에 대한 주변의 반응과 그에 대한 생각은 어떤가요?

A : 저는 '앞으로 송파가 좋아진다'고 해서 빌라를 산다고 했어요. 그런데 다들 '송파는 좋지만, 빌라보다는 아파트를 사는 게 더 낫다'고 그러더라고요. 그걸 누가 몰라서 그러나요. 저도 투자금만 넉넉하면 헬리오시티 사고 싶죠. 그럴 만큼 투자금이 안 되니까 송파지역에서 적은 투자금으로도 가능한 빌라에 투자하는 건데……, 답답한 얘기죠.

B : 빌라는 사면 떨어진다고 하도 많이 들어서요. 사실 매매하는 순간에도 스스로 확신이 없었어요. 저 같은 경우는 솔직히 오로지 대표님만 믿고 투자한 것인데 결과적으로는 올라서 잘 되었다고 할 수 있지만, 투자하면서 살펴봐야 할 부분들을 생각해 보면 혼자 하기에는 빌라 투자가 아파트보다 더 어려운 것 같기도 해요. 제각기 다른 점이 투자하는 데 더 재미있는 부분이기도 하고요.

C : 주변에서는 다들 빌라 투자에 부정적이었던 것 같아요. 다들 안 오른다고 그랬죠. 그런데 저는 서울 지역 빌라도 아니지만 10채 넘게 투자하면서 사고팔고 했어도 여태까지 단 한 번도 떨어진 적은 없어요. 제 어머니도 빌라 투자를 많이 하셨는데 마찬가지였고요. 크진 않아도 모두 시세차익 보고 팔았지요.

질문 2. 투자할 빌라를 선택하는 특별한 기준이 있나요?

A : 저는 송파 쪽에 관심이 많아서 송파 지역 위주로 보고 있어요. 부동산 강의를 많이 다니는데 빌라는 주변 아파트와 가격 차이가 크게 나는 것이 좋다고 하더라고요. 그런 점에서도 송파 쪽은 괜찮을 것 같아요. 강남 쪽은 제 상황에서는 빌라라고 해도 갭이 조금 부담스럽고요.

B : 무엇보다 '세가 잘 나갈까'를 가장 많이 봐요. 그래서 주변 환경도 보고, 내부 구조도 보고……, 딱히 명확한 기준은 모르겠지만, '내가 살아도 되겠다' 싶은 집으로만 하려고 해요.

C : 무조건 '제가 잘 아는 지역'에만 투자해요. 그래서인지 서울

지역이 아니라도 실패하지 않았던 것 같아요. 그 외 별다른 기준
은 없지만, 개인적으로 최상층은 피해서 투자해요. 물론 주변 교
통편은 꼭 확인하는 편이고요.

이 책은 처음 부동산 투자를 시작하고자 하는 직장인분들을 생각하며 썼습니다.

가진 것이라고는 이제 받기 시작한 월급이 전부인 신입사원, 몇 년 동안 열심히 생고생한 것 같은데 월급은 다 어디로 갔는지 모르겠다고 생각하는 대리님, 월급이 적지는 않은 것 같은데 나가는 돈은 왜 이렇게 많은지, 매달 겨우 본전 치는 과장님, 주변에 여유 있는 집들은 다 부동산 투자로 큰돈 벌었다는데, 나는 종잣돈이 없으니 '나와는 상관없다'고 생각하며 억지로 관심 끄고 사는 부장님 등등…….

부디 대한민국의 모든 직장인에게 이 책이 부동산 투자의 첫걸음이 되기를 기대합니다.

여기가 이 책의 마지막 페이지입니다.

이 책을 덮은 후, '생계형' 직장인에서 벗어나기 위해 독자 여러분이 해야 할 가장 중요한 일은 바로 '실천'입니다.

행동으로 옮기는 분들께는 제가 개인 부동산코치로서, 그리고 라이프코치로서 늘 곁에서 돕겠습니다. 제가 진행하는 부동산 투자 강의와, 블로그의 '독자와의 소통' 코너에서 직접 만나 소통하겠습니다.

1천만 원으로 시작하는
빌라 투자 비법

지은이 | 홍현
발행처 | 도서출판 평단
발행인 | 최석두

신고번호 | 제2015-00132호
신고연월일 | 1988년 07월 06일

초판 1쇄 발행 | 2018년 06월 08일
초판 3쇄 발행 | 2018년 12월 26일

우편번호 | 10594
주소 | 경기도 고양시 덕양구 통일로 140(동산동 376) 삼송테크노밸리 A동 351호
전화번호 | (02) 325-8144(代)
팩스번호 | (02) 325-8143
이메일 | pyongdan@daum.net
블로그 | http://blog.naver.com/pyongdan

ISBN | 978-89-7343-507-4 13320

값 · 16,800원